DIÁRIOS DE UM REPÓRTER
Antes e depois de 2001

Flávio Alcaraz Gomes

DIÁRIOS DE UM REPÓRTER

Antes e depois de 2001

L&PM 30 ANOS

Capa: Marco Cena
Foto da orelha: Jefferson Bernardes / Preview.com
Foto da contra capa: A. P.
Revisão: Larissa Roso e Renato Deitos

ISBN: 85.254.1358-5

G633d Gomes, Flávio Alcaraz
Diários de um repórter / Flávio Alcaraz. -- Porto Alegre: L&PM, 2004.
184 p.; 21 cm

1. Literatura brasileira-Crônicas-Viagens. I. Título.

CDD 869.98
CDU 821.134.3(81)-992

Catalogação elaborada por Izabel A. Merlo, CRB 10/329.

Porto Alegre: Rua Comendador Coruja 314, loja 9 - 90220-180
Floresta - RS / Fone: (0xx51) 3225.5777
www.lpm.com.br

Impresso no Brasil
Primavera de 2004

Para Maria Clara, capricho e diligência que preservaram estas crônicas.

Sumário

Durante muito tempo, mantive na Rádio Guaíba um programa de sucesso: *2001*. Depois, a partir de 1992, passei a escrever pequena coluna diária no *Correio do Povo.* Tem quinze linhas, princípio, meio e fim. Só a interrompo quando viajo. Assim mesmo, na volta, publico meu Diário de Viagem. São mais de 4.000. Aqui, o resumo do que foi publicado antes e depois de 2001.

Flávio Alcaraz Gomes, setembro de 2004.

Prece à Virgem morena

Em abril de 1952, viajei de Paris para a feira de Sevilha com o meu irmão Celso e o quaraiense Antônio Carlos Osório, hoje presidente da Associação Brasiliense de Letras. Osório, excelente poeta, me dedica e me comove agora com este poema:

Éramos moços e as sevilhanas sorriam para nós
na calle Pimienta
ou na garupa dos cavalos "andalous".
Andávamos velozes no teu verde Chevrolet
ora comendo azeitonas (verdes) nas estradas
ora "calamares em su tinta"
ora bebendo la rubia "manzanilla".
E orávamos en las orillas del Guadalquivir
a la Virgen morena
y a sus grandes ojos negros.
Até mesmo os valientes gitanos
venidos de Granada
como antes os marroquinos do Quartier Latin
temiam o nosso atrevimento.
Éramos moços e orávamos
na festa báquica da ardente juventude
e nas procissões e nas corridas
onde esgrimiam a graça e a coragem.
Decerto a Virgem morena nos ouviu
porque estamos ainda
orando neste sagrado e infinito altar da vida.

20 de abril de 2002

Antes de 2001

De volta

Comecei a escrever no *Correio do Povo* em 1945. Agora estou de volta, com o mesmo tesão de jovem repórter. Nesse período, mudou o mundo, mudei eu. E mudou muito a imprensa. Foi-se a época das infindáveis matérias, dos artigos de perder fôlego. Hoje o leitor hesita diante de um tijolaço de mais de palmo; e não raro desiste de atacá-lo. A prova do sucesso da concisão da imprensa moderna é o *USA Today* e, modéstia à parte, entre nós, o *Correio do Povo*. Por isso, minha presença diária aqui ficará marcada sempre por curtas linhas. O jornalista inglês Wickham Steed costumava dizer: "Depois de escrever sua matéria, imagine que deve telegrafá-la para a Austrália, por sua conta, à tarifa de 5 shillings por palavra. Desse modo, todas as suas belas frases desaparecerão. Se, então, restar alguma coisa, mande-a a seu jornal". Ao que o poeta italiano Giosué Carducci acrescentava: "Aquele que, podendo exprimir um conceito em dez palavras, usa doze é capaz das piores ações".

É o que, a partir de hoje, jamais farei.

3 de agosto de 1992

1º de setembro, 1945

É uma velha caderneta marrom de capa dura do Departamento Nacional do Trabalho. Na primeira página, a foto de um moço vestido de soldado. Na outra, suas características: brasileiro, estudante, branco, 1,77m de altura. Na terceira, o contrato de trabalho com a Caldas Júnior & Cia. Ltda., nas funções de revisor. Data: 1º de setembro de 1945. O moço da foto dá para conhecer que sou eu. E a empresa é esta mesma na qual, na madrugada de hoje, como faço todos os dias, entrei mais uma vez para trabalhar com o mesmo entusiasmo daquele jovem de 1945. Neste meio século, como diz Amaro Juvenal, muita coisa já vi, quer na guerra, quer na paz. À mais grata de todas, continuo testemunhando todos os dias o carinho do público que sempre me honrou com o seu prestígio.

Da crônica

O jornalista Antônio Balbé manda-me seu pequeno livro sobre *Crônica, um curso rápido*. Primeiro, a definição: crônica é uma espécie de conto curto ou narrativa condensada, que capta flagrante da vida, pitoresco e atual ou imaginário, num tom político, embora coloquial. Depois, reporta-se às suas "quatro ondas". Primeira: a histórica, como registro dos fatos. Daí a origem do nome: *Chronos*, tempo em grego. Evolui para o folhetim, seguindo-se a "terceira onda", onde já surge com seu atual e bem definido aspecto, pontificado por Rubem Braga, o "sabiá da crônica". A "quarta onda" é a que configura como hoje é publicada pelos jornais. Balbé encerra suas especulações com uma pergunta: como será a quinta onda da crônica? Com relação a esta coluna, considero que se trata de um trabalho difícil: escrever pouco e dizer muito. Ao que acrescento o que sentenciou o padre Antônio Vieira: "Fiz-me longo por não ter tempo para ser curto".

Sejamos humildes, colegas

Embora não sejam funcionários de jornais, mas de agências fotográficas, os *paparazzi* acusados da morte de Diana não deixaram de repetir, com sua postura, o comportamento que, infelizmente, caracteriza muitos jornalistas. Com sua respeitável autoridade, a revista *Time* publicou, há um par de anos, ensaio cuja essência eu costumo repetir: não há em parte alguma do mundo maior concentração de prepotência por metro quadrado do que em uma redação de jornal, rádio ou televisão. Isto é válido não apenas para os grandes centros e os grandes veículos, mas contagia até o mais modesto (mas nem por isto mais humilde) órgão interiorano de divulgação. Por quê? Julgo que, fundamentalmente, pela sensação do exercício impune do poder. Shakespeare já dizia que o abuso de grandeza começa pela separação entre o poder e o remorso. É o que acontece com certos profissionais. Sejamos humildes, colegas. Mesmo porque, biblicamente, os que se exaltam serão humilhados.

Samarkand

Na palestra que fiz no CPOR, contei que, vanguarda da FEB na Itália, nosso futuro presidente e então coronel Castello Branco alojava-se junto com o então major Wernon Walters, futuro diretor da CIA. Os alemães, do alto do morro, bombardeavam a posição. Uma granada caiu bem perto, e Walters quis mudar-se. Foi então que Castello referiu-se a um sultão do Egito que certa feita foi procurado por seu vizir, que, desesperado, queria fugir do palácio. "Por quê?", perguntou o sultão. "Porque ontem encontrei aqui o Anjo da Morte, que me olhou de maneira tão estranha e espantada que senti que deveria fugir imediatamente." O sultão deu-lhe o consentimento, e ele disse que iria para Samarkand. Uma semana depois, passeando nos jardins do palácio, o sultão encontrou o Anjo da Morte. "Ó Anjo, por que assustaste tanto o meu vizir?"– perguntou. O Anjo respondeu: "Eu não queria assustá-lo, mas não pude ocultar minha surpresa ao vê-lo aqui, pois tinha um encontro com ele em Samarkand".

Arte de entrevistar

Por pura vaidade, resumo crítica de Maria Wagner no *Jornal do Comércio* do dia 25: "(...)Falando em entrevistadores de mão cheia, que *los hay, los hay.* E bem próximo de nós, que temos a mania de olhar e valorizar o que vem de fora e que nem sempre chega aos pés do que temos aqui, mas insistimos em ignorar. Um deles é o veterano Flávio Alcaraz Gomes, que está realizando excelente trabalho no Fórum TV Guaíba. Domingo passado, ele fez uma entrevista literalmente preciosa com Alexandre Dossin. A entrevista foi excelente tanto por Alexandre quanto pelo entrevistador, que tem uma grande virtude: deixa a luz toda em cima do convidado... Uma situação que beira o ridículo é o entrevistador querer demonstrar que sabe mais do que o entrevistado. Na verdade, sabe menos. Principalmente sobre seu papel de jornalista, que é o de intermediário. E por dar atenção a isso que determinados tipos de entrevista, como as do Flávio, realizam o fundamental: a informação chega onde deve chegar".

O velho Correio

Aprendi as primeiras letras no cabeçalho do *Correio do Povo*. C era Celso, meu irmão. O, da vó Olinda. R, da prima Ruth. E, Edília, minha tia. I, Ida, nossa empregada – e assim por diante. Nas noites de inverno, o vento soprando pelas frestas do casarão do Bom Fim, a mãe contava histórias épicas do velho *Correio*: "(...) Então o tio Alexandre, muito atrevido e espanhol, desafiou o Flores da Cunha. O general, furioso, proibiu a venda do jornal na Viação Férrea, mandou surrar o tio e o deportou para o Rio...". Em todas as conversas, a figura do meu avô, Joaquim Alcaraz. Deixando para segundo plano seu estaleiro, ele assumiu o "Róseo" depois da morte de Caldas Júnior e o transformou de órgão romântico e literário em indústria. Já em 1927, pagava suas últimas dívidas, embarcando para Paris, onde comprou uma moderníssima rotativa Marinoni. O *Correio* dava um salto de qualidade que o projetava no primeiro plano da imprensa brasileira.

O preço do Correio

O sucesso de *Chatô*, de Fernando Morais, leva-me a contar mais uma história do "Rei do Brasil". Esta, por exemplo, aconteceu conosco. Já titular do maior império jornalístico do continente, decidiu reforçar sua posição no Rio Grande do Sul, onde controlava o *Diário de Notícias* e as rádios Farroupilha e Difusora. Voltou-se então para o *Correio do Povo*, cujo proprietário era o também poderoso Breno Caldas. Foi em 1944, e Chateaubriand viajou a Porto Alegre especialmente para abocanhar o "Róseo", como era conhecido o jornal. Seu dono o recebeu na sede que a empresa recém ocupara, e onde se encontra até hoje, na Andradas com Caldas Júnior. O diálogo que ambos travaram ficou famoso: "Doutor Breno, quero comprar o seu jornal. Qual é o preço do *Correio do Povo*?", perguntou. A resposta de Breno foi curta, grossa e desencorajadora: "Preço do *Correio*? Quarenta centavos em qualquer banca". Pouco depois, furioso, Chatô escreveu: "Não compramos folha de couve".

A faculdade

Viajo até meus tempos de estudante de Direito. Foi nos felizes anos de 1945 a 1949, quando havia apenas duas faculdades no estado, a UFRGS e a de Pelotas, nas quais todos ingressavam e saíam juntos de cada ano letivo, ao contrário da mixórdia de agora, quando não há mais turmas comuns. E a qualidade intelectual...

Líamos muito, fazíamos citações em latim, recitávamos Castro Alves e Camões e sabíamos de cor trechos de Eça. Da minha turma e das imediatamente anteriores e posteriores saíram Athos Gusmão Carneiro, Paulo Távora, Paulo Brossard, Ênio Vilanova Castilhos, Eraldo Rabelo Gibran Bahlis, Clóvis e Paulo do Couto e Silva, Raimundo Faoro, Paulo Hecker Filho, Rubens Sant'Anna, Otávio Badui Germano, Rafael Peres Borges, Eloar Guazelli, Antônio Pinheiro Machado Netto, Renan Azevedo, Carlos Pfeifer, Fernando Jorge Scheider e tantos outros que honraram as suas carreiras e a velha faculdade.

Dois canalhas

Estive com Assis Chateaubriand em 1952, quando veio a Porto Alegre inaugurar o novo transmissor da Rádio Farroupilha com um churrasco na Ponta Grossa. Chatô trouxe consigo a mulher e a filha de Marconi, o inventor do rádio. Quem o reinventou entre nós, porém, foi o pernambucano de Petrolina J. Antônio D'Ávila, contratado por ele para dirigir a Farroupilha, então uma das mais poderosas emissoras do Brasil, com seu canal exclusivo internacional. D'Ávila era um dos poucos homens que ousavam satirizar seu poderoso chefão, imitando diante dele sua voz, seu sotaque e seu jeito de falar. Aquerenciou-se aqui e se tornou amigo íntimo de Maurício Sirotsky Sobrinho, de Cândido Norberto e de mim. Fazia-nos finar de rir ao imitar o diálogo (verídico) que aconteceu no reencontro de Getúlio com Chatô, depois deste ter-lhe movido virulenta campanha: "Doutor Getúlio – disse-lhe –, somos dois canalhas. Eu porque lhe procurei. O senhor porque me recebeu".

Kruelino

Encontro-me novamente com Chateaubriand num churrasco na fazenda Chambá, em Belém Novo. Seis anos antes, ele havia se tornado paraplégico, mal movendo a mão esquerda e os lábios. Somente Emília, uma enfermeira, compreendia seus balbucios. Para ela, ditava seus artigos. Por ela, comandava os Associados. Fardado de coronel da força pública de Minas Gerais, babando permanentemente e sentado em cadeira de rodas, recebia os convidados, a nata do Rio Grande. Capacitado de sua importância histórica, eu levara comigo meu filho Alcides, menino de oito anos. Ao dizer-lhe o meu nome, aquele morto vivo estarreceu-me com a limpidez de sua memória. Murmurou algo, e Emília traduziu: "O que você é do Alexandre Alcaraz?" (meu tio-avô Alexandre Alcaraz, diretor do *Correio do Povo* nos anos 1930, havia privado Chatô naquela época). No "batizado" que a seguir realizou do bezerro Kruelino, nome híbrido dos generais Amaury Kruel e Justino Alves Bastos, criou um caso com a revolução dita "Redentora".

Gaúchos e obelisco

A façanha dos gaúchos amarrarem seus cavalos no obelisco do Rio de Janeiro vem sendo cantada em prosa e trova desde os anos 1930. Ninguém, ou muito pouca gente, se refere à vingança dos irreverentes cariocas àquela legítima gauchada. Carlos Machado, porto-alegrense que se transformou no "dono da noite" do Rio, em seu delicioso livro *Memórias sem maquiagem*, conta como foi o troco: "(...) Os cariocas foram assistir a esse espetáculo que revivia as tradições do campo rio-grandense – cavalos e gaúchos com seus ponchos e bombachas acampados em volta do monumento. Os jornais ilustraram a cena arrogante. Certo dia, a destemida guarda alvinegra do Botafogo resolveu vingar-se e amarrar dois gaúchos no obelisco. A operação amarra-gaúcho foi repetida mais algumas vezes, a pancadaria foi violenta, mas tudo sem maiores conseqüências, porque, nas horas incômodas, todos eram sócios da Aliança Liberal, vencedora da revolução".

Não cacarejar

Jornalismo não se faz só com dinheiro e prepotência, mas sobretudo com talento. William Russel, o pai dos repórteres ingleses, costumava deliciar-se contando a história de um "furo" furado sofrido por ele. Em 1844, *The Times* mandou cobrir um julgamento célebre na Irlanda. Para esmagar o *Morning Herald*, fretou navio e trem especiais, que dariam a Russel vantagem imbatível sobre o concorrente. Terminado o julgamento, o repórter neles "voou" para Londres, onde não havia nem sinal dos rivais.

Conta Russel: "Quando entrei, um homem em mangas de camisa, que supus ser tipógrafo do *Times*, aproximou-se e disse: 'Estou feliz de ver que voltou a salvo, *sir*. Então eles o consideraram culpado'. Sim. Culpado, meu amigo – respondi. Infelizmente, como se verificou depois, o 'tipógrafo' era um repórter colocado defronte do *The Times* pelo *Morning Herald*, que também, no dia seguinte, publicou a notícia".

Em jornalismo, como em galinheiro, galinha não deve cacarejar antes de botar o ovo.

Guerra e censura

Uma luta ferrenha e permanente, todos os dias renovada em Israel, é a que os correspondentes estrangeiros mantêm com a censura. Todo serviço tem que ser vertido em inglês e, dependendo do humor do censor, às vezes é totalmente mutilado, de nada adiantando protestar. Em uma ou duas ocasiões, tapeei a censura: mostrei-lhes (e traduzi-lhes) uma página de matéria inócua – e mandei outra, cheia de notícias que, sabia, não deixariam passar. Isso foi nos tempos do telex e do telefone, ambos facilmente controláveis. O mesmo acontece agora, na era do fax e da internet. A não ser que tenha sido inventado um aparelho para controlar os sinais que emitem, sua fiscalização se torna impraticável. À medida que as guerras se tornam mais sofisticadas, a eletrônica não só acompanha seus avanços, mas os ultrapassa, propiciando a missão de bem informar meios de transmitir a verdade, doa a quem doer, ou, como dizia o extinto Fernando Collor, "duela a quien duela".

A Legião na Guiana

No momento em que se faz estardalhaço, em parte justificado pela presença de tropas americanas na Guiana Inglesa, ninguém se refere a um contingente mais importante em número e belicosidade também em nossa fronteira Norte: a Légion Étrangére. Em 1985, quando fui à Guiana Francesa transmitir o lançamento do Brasilsat, passei um dia percorrendo suas instalações. Os legionários treinam um mínimo de oito horas diárias quando estão em Kourou, seu quartel-general, e são peritos em operações de comando e sobrevivência na selva. Seu contingente, somente ali, é de oito mil homens, formado por voluntários de quinze a cinqüenta anos de quarenta nações diferentes. Ao lembrar-me que, em um de seus acessos etílicos, o presidente Jânio Quadros mandou nosso Exército estudar a invasão da Guiana, sinto calafrios.

O herói farrapo

Bento Gonçalves, o grande líder farroupilha, marcou profundamente Giuseppe Garibaldi. Em suas memórias, o "herói de dois mundos", escreveu: "Era Bento Gonçalves um verdadeiro cavaleiro errante, do ciclo de Carlos Magno, irmão pelo coração dos Oliverios, dos Rolandos, vigoroso, ágil, leal como eles; perfeito centauro, manejando o cavalo como só o vi fazer o general Neto, modelo consumado de cavaleiro. Quando o conheci, parecia atingir os seus sessenta anos. Alto, esbelto, cavalgava com uma graça e facilidade admiráveis. Montado, dir-se-ia ter vinte e cinco anos apenas. Bravo e feliz como um cavaleiro de Ariosto, não hesitaria um instante em combater um gigante, tivesse ele a estatura de um Polifemo ou a armadura de Ferragus. Fora dos primeiros a dar o grito de guerra, não com um fim de ambição pessoal, mas como simples filho deste povo belicoso. Sua vida em campanha assemelhava-se à do último dos seus concidadãos".

Circuito do Parque Farroupilha

"Roncam os motores!" – era a manchete da *Folha da Tarde* à véspera de uma das mais ousadas competições automobilísticas aqui realizadas. Foi no começo dos anos 1950, quando tive a idéia de realizar uma corrida de automóvel *sui generis*: o Circuito do Parque Farroupilha. Com o apoio do Automóvel Clube, estabelecemos um traçado inédito para a corrida, tendo como pista o entorno da Redenção. Os automóveis correriam pela Osvaldo Aranha, no sentido centro-bairro, dobrariam a José Bonifácio, entrariam na João Pessoa, em direção ao Centro, e desembocariam de novo na Osvaldo Aranha. A pista foi toda isolada por cordas, com forte policiamento da Guarda Civil, e as curvas protegidas por fardos de alfafa. Foi um sucesso sem precedentes e, o melhor, sem incidentes, consagrando mais uma vez a *Folha da Tarde* como o "vespertino da cidade" e de grandes iniciativas populares.

Um Fiat fantástico

O sucesso do Circuito do Parque Farroupilha foi tão grande que decidimos reprisá-lo. Foi em maio de 1953, registrando, entre outras provas, uma emocionante disputa entre os automóveis Citroën, que – dizia-se na época –, de tão valentes, eram empregados pela Polícia de Nova Iorque. A grande atração, porém, foi o "ás do volante" Odone Greco. Greco era das figuras mais populares da cidade. Filho do velho Januário, que importou da Itália o primeiro automóvel que o Rio Grande conheceu, boa-pinta e altamente espirituoso, concorreu com um Fiat 1.100, que, com sua criatividade, "equipou" com aparelhos somente existentes em sua imaginação. Sua lista, para o deleite da cidade, foi publicada na *Folha da Tarde*. Alguns elementos: seletor de octana de regulagem automática do comando vulva; engrenagem etílico-duodenal do placentária do difusor ciclônico tipo cri-cri, com comando buzinóide sem eletrodo... Apesar das inovações, Odone chegou em último lugar.

Falklands/Malvinas

Quando, pouco depois da guerra, visitei as Falklands, seus habitantes diziam, com *sense of humor* britânico, que deviam erguer um monumento a Galtieri. As Falklands, para os argentinos, são Malvinas, Port Stanley (que os portenhos mudaram fugazmente o nome para Puerto Argentino) é a capital, e Leopoldo Galtieri, o general-presidente que, em meio a uma bebedeira, ordenou a invasão do arquipélago. O monumento em sua homenagem seria justamente em virtude da invasão. Foi graças a ela que os *kelpers* (significado: aguapés gigantes) passaram a ser lembrados pela Inglaterra, que, a partir da vitória, inaugurou vôos regulares da Royal Air Force (RAF) de Londres para as ilhas. Ao mesmo tempo, construiu em Mount Pleasant, a quarenta quilômetros de Stanley, o maior complexo aéreo militar da América do Sul, com um efetivo superior à população civil do arquipélago, que não chega a três mil. Há pouco, vi, em Buenos Aires, pichado num muro: "*Malvinas, volveremos*". Talvez, um dia. Como turistas.

Guerra da Abissínia

A Guerra da Abissínia (de outubro de 1935 a maio de 1936) caracterizou-se como uma das mais penosas missões dos correspondentes. No começo eram 120, dos quais sobraram apenas doze. Chegando à capital Adis Abeba, empilharam-se no único hotel, um prédio de madeira com trinta e quatro quartos. As comunicações eram terríveis. Havia apenas um telégrafo e a tarifa altíssima: 3/4 de quilates de ouro por palavra, o que obrigou os jornalistas a criarem uma nova linguagem, o "telegrafês", abreviando tudo. O brabo era que, nas redações na Europa e nos Estados Unidos, a simplificação causava a maior das confusões. Finalmente, depois de ter passado o diabo, o repórter Herbert Mathews telegrafou para o *New York Times*: "Data cinco adis abeba mathews bipontos era independências que durava desde tempos bíblicos terminou quatro tarde com italianos ocupando adis abeba". A Guerra da Abissínia tinha terminado.

De Bello Gallico

A Guerra da Abissínia forjou um grupo de correspondentes de escol que, já a partir de seu término (1936), brilhou na Espanha até 1939 e depois (de 1939 a 1945) na Segunda Guerra Mundial. Um dos grandes foi Herbert Mathews, do *New York Times*, autor de um texto que recortei e que, por sua propriedade e beleza, cada vez que leio me comove: "(...) Quando saí da minha tenda, sob a lua cheia, enquanto o acampamento dormia profundamente, com exceção das sentinelas, um sentido de intemporalidade tomou conta de mim. As legiões de César realizaram aquelas marchas ao conquistar a Gália e armaram acampamentos exatamente assim, com as fogueiras das sentinelas luzindo em torno. Havia a mesma lua, o mesmo impulso da conquista, a mesma emoção da aventura – a vida, a morte e a história em processo, fosse o *De Bello Gallico* ou apenas a narrativa para um jornal diário".

Uma *hopeless war*

Estive no Vietnã no auge da presença norte-americana: junho de 1967, quando o seu efetivo militar atingia quinhentos mil. Visitei três *fronts*: o terrestre, o fluvial e o marítimo, este a bordo do maior porta-aviões do mundo, o Constellation. No cenário fluvial, percorri o Mekong, de Saigon até a sua foz, em velozes lanchas de combate, equipadas com armas de grosso calibre. Tanto ali como em terra, usava uniforme, com colete de cerâmica à prova de balas e capacete de aço. De helicóptero, visitei bases no miolo da selva. Não participei de patrulhas como o colega José Hamilton Ribeiro, da revista *Realidade*, que pisou numa mina e perdeu a perna. Nem nas mais exageradas ficções de guerra vi tamanha fartura de equipamento. No entanto, ao término da missão, escrevi para o *Correio do Povo* que aquela era uma *hopeless war*, uma guerra sem esperanças. Não há força que consiga dobrar um povo de fibra.

Diário de bordo

Diário do repórter, a bordo do porta-aviões Constellation, em operação de guerra na costa do Vietnã do Norte.

Subimos a pé onze andares, até a ponte do radar. Somos três jornalistas. Um da France Presse, outro da AP e eu, do *Correio do Povo*. Lua cheia bóia no céu e no mar plúmbeo. Nas pistas-tombadilho, movimento inusitado. De dois elevadores gigantes, começam a sair Phantoms grávidos de bombas. Os pilotos, vestindo trajes de astronauta, sobem para os *cockpits*. Os aviões entram em fila, dirigindo-se às catapultas. Começa a sinfonia fantástica. Com o intervalo de quinze a trinta segundos, eles decolam. Parecem bolas de fogo que vão se perder no horizonte. Conto mais de cinqüenta. Ao final, os alto-falantes bradam: *all clear*, tudo claro. Subimos para o cassino dos oficiais. Ali, comendo pipoca e vendo cinema, ficamos aguardando a volta dos missionários da morte.

O Baltimore

Nas horas mortas do carnaval, aproveitando o tráfego civilizado, estacionei no Bom Fim e percorri as ruas da minha infância. A João Telles, onde me criei, irreconhecível. Apenas umas poucas casas sobreviveram ao chamado "progresso imobiliário". A Osvaldo Aranha, mais indecifrável ainda, para quem com ela conviveu há cinqüenta anos. Mas o que me dá mais pena é a anunciada demolição do prédio do Baltimore. Foi ele o meu palco de grandes momentos, desde a lembrança de filmes marcantes até vê-lo sobrevoado pelo Zepellin, em julho de 1934. Seu nome não sei se surgiu em homenagem à cidade americana ou ao filho mais velho de seu proprietário. O guri se chamava Baltimore e tinha um irmão menor, de nome também estranho: Colmore. Éramos colegas do Rosário, e volta e meia eu ganhava uma entrada grátis para as matinês de um cinema que, como a maioria das memórias da cidade, é devorado pelo tempo.

Joaninha Vintém

Paulo Olímpio Gomes de Souza, jovem promotor público em São Francisco de Assis, sendo juiz um ex-piloto da FAB, nordestino e famoso pela maneira informal. Auge do verão, sala do Foro acanhada, sem ventilador, suava-se às bicas. Um moço imberbe, acusado de sedução, é interrogado pelo meritíssimo: "Meu filho, fale pro papai aqui como aconteceu?". O rapaz diz que, numa tarde ensolarada, encontrou a namorada nas encostas do arroio Yacundá, lavando roupa. Calor, grama verdinha, a moça chamou-o e... aconteceu. O juiz: "Conta aqui pra mim, meu filho, havia relva verdejante e fofinha, fazia muito calor?". O rapaz: "Sim, excelência". O juiz, voltando-se para o escrivão: "Jairo, tu não ia nessa? O papai aqui ia!". Em Cobra Norato, Raul Bopp escreve que Joaninha Vintém "tava lavando roupa quando o Boto me pegou. Era um moço bonito, tocador de violão. Me agarrou pela cintura...". E aí, Joaninha, o que aconteceu? E ela: "Gentes...".

Degola pode?

O livro *Excursion to hell*, no qual o ex-combatente Vincent Bramley denuncia fuzilamentos sumários de soldados inimigos pelos ingleses durante a Guerra das Malvinas, vai provocar investigações oficiais pelo Ministério da Defesa argentino. Acho, pelo menos, estranho. Li, há alguns anos, *Los chicos de la guerra*, livro do jornalista portenho Daniel Kon (Editorial Galema), e, entre outras revelações, anotei: "Depoimento do pracinha Santiago: '...um sargento argentino tirou o capacete, jogou longe o fuzil e se rendeu. Os gurkas o agarraram pelos cabelos e o pressionaram até que se ajoelhasse e lhe cortaram a cabeça. Assim foram fazendo com quatro ou cinco companheiros nossos que estavam naquela posição. Alguns choravam, pedindo por favor que não os matassem, mas eles igualmente os degolavam' ". Curioso que esse livro não tenha provocado nem revolta, nem tampouco inquérito.

Será que, pelos padrões da guerra moderna, fuzilamento é mais desumano do que degola?

O vinho do Cândido

Tive um sonho de extraordinária nitidez. Era inverno e estava em uma praia deserta. Saí pela beira-mar até uma casa que sabia ser do Cândido Norberto. Bati à porta, e ele, parecidíssimo com o Frank Sinatra, me atendeu cantarolando *My way*. Sem maior conversa, pedi-lhe emprestadas duas garrafas de vinho. Ele me levou a um depósito subterrâneo ao lado, abriu-o e, do meio de tantas, retirou duas de tinto. Peguei-as e, antes de agradecer, acordei. Na vida real, sempre bebi um bom vinho com o Cândido, só que há tempo não o fazíamos, pois não nos víamos há mais de ano. Ora, naquela tarde, indo ao supermercado, encontrei por puro acaso meu velho amigo na seção dos importados. Abraçamo-nos e ele me contou que, tendo aberto sua adega, dera pela falta misteriosa de duas garrafas e que estava ali para repô-las. Fiquei e estou arrepiado até agora: será que em sonho bebi o vinho do Cândido? Pelo sim, pelo não, vou mandar-lhe duas de Marques de Riscal, para alívio de consciência.

Alcaraz & Alcatraz

O encontro das famílias Alcaraz e Alcatraz aconteceu em Con Con, na quinta-feira passada. Con Con é uma aldeia de pescadores que fica a uns vinte quilômetros de Viña del Mar, subindo pela estrada litorânea do Chile rumo ao Norte. A paisagem é impressionante, as rochas cruas se precipitando sobre o oceano, serpenteando precipícios. Os Alcaraz chegaram de automóvel. Os Alcatraz, em vôo direto. Não digo que tenham viajado da ilha a que deram nome e que foi seu habitat antes que os americanos a transformassem em presídio. Vieram de mais perto, já que essas aves enormes e pretas (as patas parecendo pés-de-pato dos nadadores, e o bico gigantesco debruçado sobre o peito) vivem em todo o Pacífico, onde usam vários nomes, como pelicano, tesourão, fragata etc. Albatroz, não. Albatroz é um gaivotão, nada a ver com meus parentes Alcatraz, que são da família dos fregatídeos, que tivemos o prazer de rever em viagem que já deixa saudade.

Os meus Mundiais

Os Mundiais I

Para o dodói de meus coleguinhas da chuteira, devo dizer que fui o único jornalista gaúcho a viver as quatro Copas do Mundo de Pelé. Como ele, estreei na Suécia em 1958. Como ele, já maduro, pendurei as chuteiras no México de 1970. Em 1958, o delírio em Solna. Em 1962, a vitória no estádio Nacional de Santiago. Quatro anos mais tarde, a vergonha de Liverpool, Pelé caçado como cão danado por Euzébio e seus portugueses; os cães danados, na verdade, eram eles. A tarde garoenta então se tingiu de noite em cima do Goodison Park, a nossa alma também. Para o cúmulo, na hora de encerrar a transmissão, a Guaíba dava em edição extra que Cândido Norberto acabara de ser cassado. Outros quatro anos e, enfim, o tri, culminância de uma jornada que, começando na Suécia, nos dera as alegrias e as tristezas que só o futebol sabe dar. E que, a partir de agora, aqui desfilarão, nas remembranças de um repórter não-esportivo, mas nem por isso menos sofredor.

Os Mundiais II

Para quem hoje disca treze algarismos e fala pelo telefone com qualquer parte do mundo, é difícil imaginar como eram as comunicações nos anos 1950. Duas multinacionais exerciam o monopólio no Brasil: Radional e Radiobrás. Possuíam apenas cinco canais para a Europa, e todos tinham sido comprados por rádios do Rio e de São Paulo para transmissões internacionais. Assim, quando, em janeiro de 1958, afirmei que a recém-inaugurada Rádio Guaíba poderia transmitir a Copa do Mundo da Suécia, fui chamado de louco. Mas insisti: eu tinha amigos na Suíça, e eles poderiam me conseguir um transmissor exclusivo. No peito e na raça, com quinhentos dólares de meu bolso e uma cortesia da Panair, toquei para a Europa. Em São Paulo, consegui o visto de saída. Ali recebi um telegrama do todo-poderoso Breno Caldas, ordenando que desistisse daquela missão impossível e voltasse a Porto Alegre. Rasguei o telegrama e, na mesma noite, voei para a Suíça. Agora era tudo ou nada.

Os Mundiais III

Deixando um verão gaúcho de quarenta graus, desço numa Suíça de dez abaixo de zero, naquele janeiro de 1958. Mas há calor humano a esperar-me nas pessoas dos conterrâneos Raul Bopp e J. M. Delgado Tubino. Bopp (de Tupanciretã) é o embaixador e Tubino (de Quaraí), o adido cultural do Brasil em Berna. Graças ao empenho de ambos, sou recebido por *monsieur* Felix Dupuis, diretor dos PPT, maior complexo de comunicações da Europa. Ele, que mais tarde iria tornar-se meu amigo, assegurou-nos um transmissor especial, que furaria o monopólio das multinacionais Radional e Radiobrás, que dominavam as telecomunicações do Brasil. Dois dias mais tarde, e com os olhos úmidos de emoção, inaugurei o circuito direto Berna-Porto Alegre. Aqui, graças à competência do engenheiro Homero Simon, um transmissor por ele construído respondeu nosso sinal com igual qualidade de som. Estava desbravado aquele que mais tarde seria batizado de "circuito da vitória", que transmitiria nosso triunfo na Suécia.

Os Mundiais IV

Tendo conseguido o circuito em Berna, restavam dois obstáculos para transmitir o Mundial de 1958: assistência técnica nos estádios e linhas ligando a Suécia à Suíça. Para lá voei em um dos invernos mais rigorosos do século, com o termômetro baixando de vinte graus negativos. Lembro que, quando o dia clareava (e não durava mais do que duas horas), lá ia eu me esgueirando pelas paredes dos prédios até a Sveriges Radio, a emissora oficial. No caminho, espantava-me vendo operários ao alto dos telhados jogando abaixo toneladas de neve acumuladas à noite, logo recolhidas por tratores. Chegava congelado, mas o sacrifício valeu: acabaram me dando tudo o que desejava, desde que pagasse dez mil dólares de taxas. Telegrafei para o Raul Bopp, que, generosa e confiantemente, me deu o aval. Fiz um teste definitivo com Porto Alegre e voltei para casa. Faltavam agora apenas dois detalhes para o sucesso ser completo: conseguir patrocinador e o Brasil vencer a Copa.

Os Mundiais V

Em maio de 1958, voltei à Suécia no comando da equipe da Rádio Guaíba. A equipe era constituída apenas pelo Mendes Ribeiro, nosso locutor esportivo, e por mim. É verdade que ia de carona o Francisco Antônio, filho do dono da rádio, Breno Caldas. Ele, porém, pouco tempo depois, trocou-nos por Paris. Estabelecemos o QG em Gotemburgo, no Excelsior, um hotel ordinário sem banho e sem elevador. Ali acolhemos, mais tarde, no mesmo quarto, meu irmão Celso, que estudava na Inglaterra, e Manoel Dias, enviado da *Folha da Tarde*. Os dois, com dinheiro curto, criaram o "aljanfé", híbrido de almoço-janta-café, que se resumia numa única refeição diária, às 16h. Foram apelidados de "pelotão da miséria" . Um dia, chegou a equipe do Brasil e nós, já aclimatados, fomos recebê-la em seu hotel de veraneio em Hindus, a cinqüenta quilômetros, que passamos a freqüentar diariamente. E a torcer por nossos craques, cujo sucesso acabaria por ser também o nosso.

Os Mundiais VI

Vivemos cinqüenta dias de agonia e êxtase na Suécia de 1958. Nesse período, pouco a pouco, nossas transmissões foram emplacando, e o time do Brasil também. De cara, papamos a Áustria por 3 x 0 num pequeno estádio de Udevalla. Na bancada da imprensa, junto com os homens de rádio do Rio e de São Paulo, gritei tanto pelo microfone até conseguir contato, que eles comentaram não ser necessário circuito para a Guaíba: meu berreiro, de tão alto, devia chegar direto ao Brasil. Sofremos um empate em zero com a Inglaterra, mas aplicamos 2 x 0 na até então assustadora Rússia. Foi quando estrearam duas estrelas, cujo brilho jamais seria igualado: Pelé e Garrincha. Nas quartas-de-final, ganhamos, de calças na mão, de Gales, com um gol de Pelé. Veio a França, o juiz roubando e anulando um gol nosso. Mas logo levaram o troco: 5 x 2. Mendes dogmatizou, triunfante e bíblico: "Deus não joga, mas fiscaliza". Faltava apenas o fantasma dos donos da casa para abocanharmos o caneco.

Os Mundiais VII

Vencido o fantasma russo, nada mais podia nos assustar. Nos defrontamos então com os donos da casa, no estádio de Solna, cidadezinha-satélite de Estocolmo. Eles entraram em campo certos de que seriam campeões, tal qual nós em 1950, no Maracanã. Nos primeiros minutos, a convicção se robusteceu quando marcaram. Julgamo-nos perdidos enquanto sua torcida nos esmagava com o grito de guerra viking: "Eia, eia svenska". Aquela noite, quando comemorávamos a vitória, Didi me disse que foi naquele momento que o time se capacitou de que, quem confia em si, cresce na adversidade. E goleou o inimigo, com rei, torcida e tudo. Simultaneamente, nossa transmissão foi a que melhor chegou ao Brasil. Naquela tarde sueca e gris de 28 de junho de 1958, quando o jogo terminou, nos sentimos campeões também.

Os Mundiais VIII

Depois da vitória de 1958, emprestei ainda meu pé quente à Seleção em 1962, no Chile, e em 1970, no México. Ganhamos assim a Jules Rimet, hoje substituída pela Taça Fifa. A propósito, desde que a roubaram e derreteram, ficamos definitivamente proibidos de contar anedota de português. De fato, em qual geografia do planeta dos bobos guarda-se a réplica de um troféu no cofre e deixa-se o legítimo, de ouro maciço, numa vitrine sem proteção? Em 1958, longe estávamos de imaginar tamanho fiasco. E voltávamos com a glória de termos criado um outro idioma: o brasileco, cruza de brasileiro com sueco. Exemplo: morávamos na Vasagatan, que batizamos de vasagato. Nosso metrô parava em Stora Mosan, que passou a ser estoura-moça. A rua do parque era a Hal Park Gatan. Virou alpargata. E, culminando o sucesso, ao pedirmos um cachorro-quente *(korv-vienens)*, dizíamos, com convicção, "corvo vienense". Para a consagração do brasileco, o pedido era atendido.

Os Mundiais IX

A Copa do Chile nos vai encontrar quatro anos mais velhos, a Seleção e eu. Para mim, sobre cujas costas o transcorrer do tempo até hoje não pesa, nenhum problema. Mas, para o selecionado, já era um pouco diferente. Não se tratava, ainda, de um conjunto de velhos, como fui encontrar no Mundial de 1966, na Inglaterra, mas alguns craques já aparentavam cansaço. Outros, pelo contrário, como os vinhos de boa copa, à medida que amadureciam, melhores se tornavam. Foi o caso de Garrincha, a cujas pernas tortas o Brasil deve o bicampeonato. Pelé, que deveria ser a estrela maior, foi posto fora de combate aos vinte e oito minutos do nosso primeiro jogo com a Tchecoslováquia, com quem empatamos sem gols. Primeiro jogo, sim, pois houve um segundo, no caso a final do campeonato, no qual a derrotamos por 3 x 1. Mas até lá havia um longo e sofrido caminho a percorrer.

Os Mundiais X

Em dezembro de 1961, recebemos correspondência do Chile, informando que a Guaíba estava fora das transmissões. Eu, que havia decidido não mais me meter em entreveros de Copas do Mundo, fui convocado para reverter a situação. Voei para Santiago e, durante três meses, sofri em mãos de suas autoridades e técnicos. Descobri, na ocasião, a equação infinitamente-fácil-infinitamente-difícil. Infinitamente fácil obter a palavra dos encarregados das transmissões, autorizando-as. Infinitamente difícil fazer com que cumprissem a mesma palavra. Otimista e acreditando na primeira hipótese, retornei ao Chile em maio de 1962 a fim de ali instalar os companheiros e dar por encerrada a minha tarefa. Vã ilusão. À medida que os dias passavam, as dificuldades iam se multiplicando. E, da equipe inicial de três profissionais, acabamos em oito, concentrados num apartamento ordinário, que logo fez jus ao seu apelido: "El ritmo loco".

Os Mundiais XI

O batalhão precursor da Guaíba para a Copa de 1962 era constituído pelo jovem repórter Adroaldo Streck, pelo também jovem técnico Bruno Staiger e por mim. Embarcamos para Santiago levando equipamento técnico e um belo painel de Porto Alegre para presenteá-lo ao embaixador Fernando Alencar. Ia cuidadosamente embalado e em mãos. Ao entrarmos no avião, os dois companheiros não cansavam de advertir a altas vozes: "Cuidado com o painel do embaixador!". Eu seguia atrás, de sobretudo, chapéu diplomata e malinha 007 na mão. Sentamos juntos na classe turística. Quando os motores começaram a roncar, a aeromoça, saindo da cabine de comando, muito simpática, dirigiu-se a mim: "Em nome da Panair do Brasil, queremos ter a honra de convidar o senhor embaixador para viajar na primeira classe". Desnecessário dizer que o senhor embaixador fez excelente viagem.

Os Mundiais XII

Resumo dos artigos de dois jornalistas italianos que quase levaram o Chile a romper relações com a Itália em 1962: Antônio Ghizelli, *Corriere de La Sera*, Roma:"Chile é pequeno, pobre e orgulhoso. Aceitou organizar o Mundial da mesma forma que Mussolini aceitou bombardear Londres durante a guerra. Os quartos de hotel e os táxis são tão raros quanto as esposas fiéis". Conrado Pizzinelli, em *La Nazione* de Florença: "Santiago mostra ser o último lugar do mundo. É tão deprimente que algumas delegações enviaram psiquiatras para evitar efeitos nocivos em seus jogadores. Suas moças são conhecidas por sua liberalidade e 'progressismo'. Bairros inteiros se dedicam à prostituição ao ar livre. Santiago em si é algo repelente". Reproduzidos na imprensa chilena, despertaram ira nacional.

Caçados pela polícia, os detratores foram expulsos, deixando-nos a conjecturar sobre os limites da irresponsabilidade da imprensa.

Os Mundiais XIII

Que Deus nos livre da comparação, mas, em janeiro de 1962, estando eu em Santiago, o governo do Chile substituiu o peso pelo escudo, lançando-o ao par com o dólar. Em maio, quando voltei com a equipe da Guaíba, já era necessário 1,5 escudo para comprar um dólar. E quando, em fins de junho, encerramos os nossos trabalhos, um dólar valia dois escudos. Essa inflação em moeda artificialmente valorizada talvez tenha sido a causa da explosão de xenofobia que dominou um povo até então cordial e afável com os visitantes. Depois da explosão de ódio contra os italianos, provocada pelas injúrias de dois jornalistas ofendendo Chile e chilenos, o sentimento passou a estender-se aos estrangeiros em geral. Fomos salvos pela atitude do embaixador Fernando Alencar, que, às vésperas da final Brasil x Chile, telegrafou aos jornais dizendo que não importava o vencedor, desde que a Copa ficasse no continente. Vencemos por 4 x 2, abocanhamos o caneco e saímos ilesos.

Os Mundiais XIV

Às cinco da tarde de 17 de junho de 1962, éramos bicampeões mundiais de futebol. Para falar a verdade, não senti, naquele dia glorioso de inverno, a mesma emoção de quatro anos antes na Suécia, quando conquistamos o título pela primeira vez. Talvez pelo fato de a façanha não ter sido inédita, talvez pelo sofrimento que nos causou o desempenho da nossa equipe, sempre a melhor em campo, talvez pela exaustão da outra equipe, a da Rádio Guaíba, que, depois de dois meses de trabalheira, acabava de conquistar também o bi. Sei que, no final da transmissão, quando a noite caía, mas as montanhas ainda refletiam em seu espelho branco a luz do sol que começava a mergulhar bem ali no Pacífico, ainda consegui dizer ao microfone que gostaria de ter um dedo gigante para com ele escrever na neve da cordilheira um nome: Brasil. E dizer do nosso amor por uma terra que pode ser grande não apenas no futebol.

Os Mundiais XV

Desembarcamos na Inglaterra oito anos mais velhos, mas ainda com a lembrança da gloriosa conquista da Jules Rimet em junho de 1958, na Suécia. Acontece que, ao contrário de certos homens e vinhos que se apuram com o passar do tempo, os atletas seguem trilha oposta. A "seleção de ouro" não era nem sombra da inicial. E se já no Chile havia se mostrado cansada, gasta e insegura, imaginêmo-la agora, na Inglaterra. Com exceção de Pelé, que ainda teria gás até 1970, os demais, em sua maioria, eram de causar pena. O pior é que uma campanha de exaltação nacional já os dava como vencedores antecipados. Um cosmético inundou o Brasil com sua propaganda: "Trim na Trilha do Tri". O "Trim" quebrou ao final de 1966. E as ilusões do "Tri" naufragaram em Liverpool. Moral da história, em futebol deve-se imitar prudentemente a galinha e só cacarejar depois do ovo posto.

Os Mundiais XVI

Como a história é a mestra da vida, vale contar o que aconteceu em 1966 com a nossa Seleção, resultando num dos maiores fiascos do Brasil em mundiais de futebol. Favoritos, menosprezamos os adversários, ignorando inclusive o sangue novo africano injetado em equipes participantes. Foi o caso de Portugal, que sempre consideramos inferior e que se apresentava com Euzébio, atacante que, para a imprensa da época, despontou com mais vigor do que Pelé. Nossa autoconfiança fez-nos encarar a disputa como um passeio, em cujo final colheríamos vitoriosos as favas contadas. Por isso e por motivos suspeitos que certamente mereceriam uma CPI, em vez de nos concentrar nas imediações de Liverpol, onde disputaríamos os jogos classificatórios, fomos fazê-lo em Attividaberg, na Suécia, a mil e tantos quilômetros de distância. Somadas essas causas com uma disciplina falha, nossas esperanças naufragaram em sete dias de julho de 1966.

Os Mundiais XVII

A Copa de 1966 ensejou uma novidade: a transmissão *offtube* (pelo tubo). No jogo inaugural (Inglaterra x Uruguai), só havia lugar para oito emissoras, a Guaíba fora. Me apavorei, mas tive uma idéia revolucionária: fui à BBC e consegui um televisor (*tube*) com imagem e som do estádio. Colocaram-me à disposição o estúdio 6.021, no qual, comodamente instalado, nosso locutor Antônio Carlos Rezende descreveu o jogo em muito melhores condições do que o Mendes Ribeiro, da Gaúcha, espremido como sardinha em lata em Wembley. Assim continuamos transmitindo, com o maior dos sucessos. Quando o Brasil foi eliminado por Portugal em Liverpool, o Maurício Sirotsky Sobrinho me procurou: "Flávio, como é esse negócio de transmitir pelo tubo?". Como ele era meu amigo, ensinei-lhe o caminho. A partir de então, Guaíba e Gaúcha, da mesma sala, e cada qual com o seu locutor diante de um aparelho de TV, passaram a transmitir "direto do centro dos acontecimentos". O Brasil entrava na era do tubo.

Os Mundiais XVIII

Na Suécia de 1958, falamos o brasileco. No Chile, no México na Espanha, o portunhol. E, na Inglaterra de 1966, impusemos Camões sobre Shakespeare. Cena que testemunhei e que bem ilustra o triunfo da cultura nacional no exterior: estação ferroviária de Liverpool, 15 de julho de 1966. Um brasileiro (vestido escandalosamente de verde-amarelo), chega ao balcão e fala bem alto: "Me dá um café com leite". A garçonete olha para ele e não lhe dá o café com leite. Ele insiste, a voz tonitruante, as palavras espaçadas: "Me... dá...um... ca-fé... com... leite". A garçonete, nem água. É quando aparece, por acaso, um garçom com uma bandeja com um bule de café e outro de leite, destinado a um freguês. Nosso herói intercepta a bandeja e sai resmungando vitorioso: "Eles não são tão burros assim. Falando devagar, nos entendem. O danado é fazê-los falar a nossa língua". Não é anedota. Eu vi.

Os Mundiais XIX

Em sete dias de julho, assisti à ascensão e à queda do futebol brasileiro de 1966. Chegando exaustos a Liverpool depois de inexplicável concentração a mais de mil quilômetros de distância, nossa envelhecida Seleção conseguiu assim mesmo ter uma estréia vitoriosa com a Bulgária, que batemos por 2 x 0. O adversário posterior seria a Hungria, que fora vencida por Portugal e que, se perdesse, estaria eliminada. Quem perdeu fomos nós, e por 3 x 1. Assim sendo, nosso terceiro jogo das semifinais seria decisivo. Lembro com tristeza, ainda hoje, daquela tarde garoenta de receios, que acabaram se transformando em realidade. A antiga e gloriosa "Seleção de Ouro" foi sendo literalmente dissolvida pela chuva, Pelé caçado que nem bicho, e Portugal nos eliminando. No outro dia, os jornais ingleses publicaram em manchete: "Rei Pelé morreu. Viva o Rei Euzébio".

Os Mundiais XX

Na última Copa de que participei, a do México de 1970, em vez de comandar uma pequena equipe, coube-me missão bem mais difícil: a de ser o coordenador-geral das emissoras de rádio do Brasil. Foi nessa ocasião que, pela primeira vez, o governo resolveu intervir nas transmissões. Vivíamos o auge da era Médici, e seu ministro das Comunicações, o coronel Higino Corsetti, houve por bem decidir que, a fim de economizar divisas etc. e tal, apenas cinco grupos deveriam efetuar as transmissões. Eleito pela Abert, viajei para o México. O Brasil tinha na seleção suas "feras", como João Saldanha batizou nossos craques, e passei a enfrentar as minhas. Eu, que já sabia há muito não existir maior concentração de vedetismo por metro quadrado do que no mundo da locução esportiva, passaria, a partir de então, a vivenciar um conflito de vaidade em âmbito nacional. Mas, afinal, conseguimos sobreviver e abocanhar o tri, como se verá.

Os Mundiais XXI

Ouço constantemente críticas com relação à paralisação que imobiliza o Brasil em dias de jogo da Seleção. Pelo muito que tenho visto, não se trata de fenômeno exclusivamente nacional. No México de 1970, vizinhei em Guadalajara com o jornalista Peter Batt, do *Sun* de Londres. Apostamos uma garrafa de *scotch* sobre o resultado Brasil x Inglaterra, que vencemos por 1 x 0. Dia seguinte, pagou a aposta e entregou-me uma série de títulos dos jornais ingleses que bem demonstra que a paixão futebolística é idêntica lá como cá. Dois exemplos: *The Times*: "Milhões de britânicos ficaram em casa para ver o jogo pela TV: calcula-se uma audiência de trinta e dois milhões". *Daily Mail*: "O secretário do Exterior, Michael Steward, escolheu mal o dia para iniciar a campanha. Seu discurso em Peterborough teve apenas cinqüenta assistentes. Foi realizado durante o televisionamento do jogo".

Os Mundiais XXII

Guardo pitorescas histórias da copa do México de 1970. Por ordem do governo, as treze emissoras que transmitiram tiveram que se aglutinar em cinco grupos. Como cada um insistia em abrir circuito antes dos demais (e houve casos em que o faziam com até quatro horas de antecedência), estabeleci que os trabalhos seriam abertos sessenta minutos antes do jogo. Houve rebeldia, e flagrei muito colega famoso irradiando escondido debaixo da bancada. Estabeleci então regime militar, imitando o que vigorava na Seleção. Ficava de apito em punho, de costas para o estádio, um olho nos locutores, outro no relógio. Então gritava: "Atenção! Faltam trinta segundos!" –, e iniciava a contagem decrescente até zero. Aí trilava o apito, e a papagaiada começava. Ninguém passou mais ninguém para trás, e o Brasil economizou centenas de milhares de dólares. Tenho uma carta da Abert na qual me chamam até de patriota.

Paris, maio de 68

Paris, maio de 68

Tive o privilégio de ser o único jornalista gaúcho a cobrir a mais violenta manifestação de guerrilha urbana do século: a rebelião dos jovens em Paris, em maio de 68. Eu tinha viajado a Paris para cobrir a abertura da conferência de paz entre americanos e vietnamitas. Já ao desembarcar no aeroporto de Orly, farejei não ser aquela, mas outra, a grande notícia. E minha "estrela" de repórter (que havia brilhado no ano anterior, quando, ao dirigir-me ao Vietnã, pressenti que a minha guerra estava errada e desviei o rumo para o Oriente Médio, onde testemunhei a Guerra dos Seis Dias) voltou mais uma vez a brilhar. Durante quase um mês, vi Paris em chamas e, diariamente, dei conta aos leitores e aos ouvintes da moderna reedição da Comuna de 1848.

A rebelião dos jovens

Em meu livro *A rebelião dos jovens* (Editora Globo, 1968), conto que a guerrilha urbana de maio de 68, em Paris, começou dois meses antes na Universidade de Nanterre, por um motivo aparentemente banal: a proibição da reitoria de que rapazes visitassem moças em seus dormitórios. Aproveitando o pretexto, um jovem estudante judeu-alemão, Daniel Cohn-Bendit, liderando 142 colegas, invadiu a secretaria da escola. Temeroso, o reitor Pierre Grappin suspendeu as aulas e pediu que a polícia ocupasse a universidade. Data: 29 de março. Os ânimos ainda não estavam suficientemente maduros para que a intervenção policial provocasse a revolta, como iria acontecer em maio. A partir daquele momento, porém, uma meteórica estrela passou a brilhar no firmamento estudantil francês: Daniel Cohn-Bendit (apelidado de Dani, le Rouge – Daniel, o Vermelho, pela cor dos cabelos), nome e mística que iriam incendiar a França e contaminar estudantes do mundo inteiro.

Os grafites

O estopim que iria desencadear a rebelião dos jovens de 1968 em Paris foi aceso em Nanterre, onde a exaltação estudantil obrigou o reitor da maior universidade (doze mil alunos) a pedir a intervenção da polícia. Cinco facções esquerdistas, posteriormente denominadas grupúsculos, agruparam-se sob o comando de Daniel Cohn-Bendit. Ele era bolsista do governo alemão, filho de pais judeus que emigraram para a França fugindo de Hitler. Combatendo os esquerdistas, um grupo pró-fascista integrado na maioria por antigos "paras" (pára-quedistas) truculentos, o *Occident*, atacava a pau os adversários. Eles, sem se intimidarem, cobriram as paredes da universidade de grafites que se tornaram famosos. Alguns: Aqui cessa a liberdade! Nem Mestre, nem Deus! O Vietcongue vencerá! Amemo-nos uns sobre os outros. Somos todos *enragés* (raivosos). E o mais célebre: Corre, camarada, o velho mundo está atrás de ti!...

A violação do templo

Paris, 3 de maio de 1968. Nanterre, em pé de guerra, contamina a Sorbonne. Ali corre o boato de que as tropas de choque do grupo *Occident* invadiriam a escola. Os esquerdistas começam a demolir classes e mesas, armando-se. Faltava-lhes ainda um líder, mas, por volta do meio-dia, ele surge, e é delirantemente ovacionado. É Daniel Cohn-Bendit, ou Dani, le Rouge, que discursa: "A Sorbonne deve transformar-se numa nova Nanterre!". Os aplausos chegam aos ouvidos até então ensurdecidos do reitor Jean Roche, que toma uma decisão inédita na história da Universidade de Paris: escreve ao Comissariado de Polícia do Quartier Latin exigindo "medidas para restabelecer a ordem no interior da Sorbonne, expulsando os perturbadores". Às 4h15 da tarde, os gendarmes invadem o pátio da faculdade. Depois de sete séculos de tradição intocável, o templo é violado. Agora, tudo pode acontecer.

A GUERRILHA URBANA

A violência com que a polícia invadiu a Sorbonne foi responsável pela ampliação da rebelião dos jovens. Agindo com uma brutalidade comparada às SS de Hitler, os *flics*, protegidos por capacetes e escudos de aço, empunhando cassetetes, baixaram o pau nos estudantes. Nos dias subseqüentes, passaram a empregar granadas lacrimogêneas, mas, em nenhuma oportunidade, armas de fogo. Daí o milagre de não ter havido mortes na guerrilha que se estendeu por todo o mês. Para enfrentá-la, o governo mobilizaria, nos dias subseqüentes, setenta mil gendarmes e dezoito mil CRS (Companhia Republicana de Segurança), correspondente à nossa polícia de choque. Eles, todas as vezes que apareciam, eram apedrejados e/ou apupados com um estribilho que se tornou famoso: "CRS-SS". O movimento estudantil, em vez de arrefecer, cresce. E, além de Dani le Rouge, surgem outros dois líderes: Jacques Sauvageot e Alain Gesmair, que se tornariam ídolos da juventude rebelada.

A ESCALADA

6 de maio de 1968. Cresce a escalada da violência em Paris. Uma multidão sobe a rue St. Jacques, disposta a retomar a Sorbonne ocupada pela polícia. Um poderoso efetivo da CRS impede-lhes a passagem, e a batalha começa. De um lado, rapazes e moças jogam nos policiais paralelepípedos arrancados das ruas. Os *flics* respondem com granadas de gás lacrimogêneo. A vanguarda dos estudantes é formada por rapagões, a cabeça protegida por capacetes de motociclistas. Os mais franzinos e as moças alcançam-lhes pedras. O ímpeto e a eficiência dos guerrilheiros juvenis são constatados pelo boletim policial. Durante a refrega, que durou hora e pouco, 350 policiais foram feridos, a maioria com fraturas. Os estudantes se aperfeiçoam: protegem os olhos com óculos de mergulhadores e bicarbonato de sódio, como antídoto contra o gás. Rádios portáteis transmitem-lhes ordens da liderança. É o prenúncio das barricadas que deixariam Paris em chamas nas noites de 10 e 24 de maio.

O governo cala

Era voz corrente, entre os 1.434 correspondentes estrangeiros credenciados para a Conferência de Paz (mas que acabaram cobrindo uma guerra urbana), que a rebelião de maio de 1968 foi a repetição da sangrenta Comuna de 1871 – só que em transistor. O incrível é que a sua cobertura foi realizada exclusivamente pelas chamadas emissoras periféricas, com transmissores localizados em Luxemburgo ou em Monte Carlo, mas com estúdios e unidades móveis em Paris. Com o silêncio inexplicável da ORTF (Office de la Radio Télévison Française, emissora oficial), o povo francês somente ficou sabendo do que acontecia em Paris através de comentários e reportagens "periféricos". Mesmo no auge de uma guerra civil a incendiar a capital francesa, a ORTF não emitiu um único comentário a respeito. A situação chegou a tal ponto que, envergonhados e revoltados, seus funcionários se declararam em greve geral em prol da liberdade de informação.

As barricadas

Em 1871, com Paris ocupada pelos prussianos e Napoleão III acossado, o povo de Paris revoltou-se em feroz movimento que passou para a história com o nome de "Comuna". Para enfrentar os soldados, ergueu barricadas nas ruas. Depois de ter corrido muito sangue, o governo acabou dominando a situação. Mas ficou com uma marca: o temor de que, mais cedo ou mais tarde, novas barricadas fossem erguidas. Para evitá-las, as principais ruas, avenidas e bulevares de Paris tiveram seus prédios destruídos e foram alargados, tornando-se os mais amplos do mundo de então. Com tamanha largura, seria impossível fechá-los com barricadas. Quase um século depois, a engenhosidade dos moços revolucionários superou a precaução de outrora. Tanto que, nas trágicas noites de 10 e 24 de maio de 1968, nada menos de quarenta barricadas foram erguidas nos *quartiers* da margem esquerda do Sena.

Paris em chamas

Paris, duas horas da madrugada de 11 de maio de 1968. Acabei de despachar pelo teletipo meu serviço para o *Correio do Povo* e volto ao bulevar Saint Michel, foco da rebelião. Uma multidão de jovens está entrincheirada em pelo menos vinte barricadas, de onde grita insultos contra o governo. "De Gaulle assassino" é a frase repetida em uníssono. A polícia se decide: é preciso "limpar" o *quartier* antes de o dia nascer. 2h50, os CRS atacam. Parece uma carga de infantes medievais. A primeira barricada, na metade da avenida, cai com pouca resistência. As próximas ao Jardim de Luxembourg, porém, parecem inexpugnáveis. Quando os *flics* se aproximam, são recebidos com uma saraivada de pedras e por dezenas de automóveis incendiados, jogados lomba abaixo. Gente chora, devido ao gás e às pancadas. Sirenes rasgam a noite. Fogueiras por toda a parte. Moços e moças bradam desesperados por socorro – e a guerra prossegue até as seis horas da primeira manhã em que Paris esteve em chamas.

Défense d'interdire

Em meu livro *A rebelião dos jovens*, registro as pichações mais marcantes de Paris em maio de 1968: *Soyez solidaires et non solitaires*! (Sejam solidários, e não solitários!); *Même si Dieu existait il faudrait le supprimer* (Mesmo se Deus existisse, seria preciso suprimi-lo); *À bas les journalistes e ceux qui veulent les ménager* (Abaixo os jornalistas e aqueles que querem manejá-los); *Les syndicats sont des bordels* (Os sindicatos são bordéis); *La liberté est le crime qui contient tous les crimes* (A liberdade é o crime que encerra todos os crimes); *Ceux qui font les révolutions à moitié ne font que se creuser son tombeau* (Aqueles que fazem as revoluções pela metade nada mais fazem do que cavar seu túmulo). E, destacando-se das demais, a que ficou como marca registrada do movimento estudantil: *Défense d'interdire!* (É proibido proibir).

A GREVE GERAL

A segunda noite das barricadas aconteceu a 24 de maio de 1968, logo depois de o presidente De Gaulle ter proposto um *referendum* para decidir se permaneceria ou não no governo. Àquela altura, o movimento estudantil havia contaminado os operários. Já na semana anterior, 250 fábricas tinham sido ocupadas pelos trabalhadores e, nos dias posteriores, o número total de grevistas se elevou a nove milhões. Um a um, os serviços públicos essenciais interrompiam o trabalho. O aeroporto de Orly fechou. O diplomata gaúcho Luiz Inácio Medeiros, vindo de Londres, teve que descer em Le Bourget. Àquela noite, junto com quarenta cônsules, participou de uma festa de *vide bouteille* (garrafa vazia) na casa de um colega que se despedia. À saída, nem táxi, nem ônibus, nem metrô. Resultado: todos tiveram que dormir amontoados na casa do anfitrião. Mas as coisas se complicaram quando as *blue bell girls* do famoso cabaré Lido declararam-se também em greve.

LA CHIENLIT

Nas barricadas de 24 de maio em Paris, vi pela primeira vez elementos estranhos ao movimento estudantil infiltrarem-se em seu meio. Criminosamente, usaram a mais temida máquina daquela guerrilha urbana: motosserras. Em questão de minutos, os plátanos centenários do bulevar Saint Michel eram abatidos para engrossar as barricadas, nas quais se empilhavam móveis, pedras e automóveis. Simultaneamente, outros grupos profissionais, empregando compressores de ar, literalmente descascavam a rua, retirando-lhes os paralelepípedos, para munição dos rebelados. A partir desse exemplo, terminada a convulsão, a prefeitura de Paris mandou asfaltar todas as ruas e avenidas. Foi nesse momento que, voltando de uma viagem à Romênia, De Gaulle, furioso, exclamou: "*La réforme oui, la chienlit non*". Saíram todos atrás do arcaico *chienlit.* Significado: defecar no leito. É o que o general-presidente iria evitar que acontecesse.

O Partido do Medo

O Partido do Medo foi instituído subterraneamente na França, na última semana de maio de 1968. Não possuía programa nem estatutos, mas acabou demonstrando ser a mais poderosa agremiação política do país. Seus integrantes? A "maioria silenciosa", que começava a entrar em pânico com a bagunça geral que estava paralisando a nação, desencadeada pela rebelião estudantil. Sua mais contundente demonstração de força seria dada nas urnas a 23 de junho. Nos dias imediatos à segunda noite das barricadas, porém, De Gaulle parecia um moribundo ao ver as dificuldades internas derrubarem seus sonhos de liderança européia. Acontece que, por mais que seus porta-vozes literários e filosóficos alardeiem o contrário, o francês é um dos povos mais aburguesados do mundo, e a perspectiva de ver instalada em sua terra uma república anárquico-vermelha começou a deixá-lo em pânico. A reação não tardaria a se fazer sentir.

Rei morto

Terça-feira, 28 de maio. Paris acorda acarinhada pelo sol, boiando glorioso em um céu lavado de azul. O clima, porém, é de tempestade. O presidente De Gaulle não dá mais sinal de vida. A ferocidade dos líderes de esquerda ataca seu objetivo: o poder. François Mitterrand, presidente da Federação da Esquerda e adversário do general desde a Resistência, propõe a formação de um governo provisório dirigido pelos esquerdistas coligados. Ele próprio não hesita em se apresentar candidato à Presidência da República. O ponderado Pierre Mendès-France, ex-primeiro-ministro da IV República, declara-se também candidato. Tudo é procedido e divulgado como se a França estivesse acéfala e seu velho rei morto, a majestade perdida. A situação torna-se mais explosiva quando, naquela noite, cruzando a fronteira e com o cabelo pintado de preto, Dani – agora ex-Rouge – instala-se na Sorbonne e convoca a imprensa para informar que a anarquia tinha se instalado na França.

De Gaulle e o Exército

Paris, 29 de maio de 1968. A França está paralisada. Nas ruas, multidões de estudantes e de operários (em manifestações diferentes, pois não se bicam, já que os trabalhadores consideram os rapazes "filhinhos de papai") substituem o slogan "*De Gaulle assassin*" por "*De Gaulle démission*". As pessoas abandonam as cidades. "Feliz revolução", ouço desejarem-se. De repente, o suspense e, logo, o pânico: De Gaulle havia desaparecido. Dia seguinte, soube-se o que aconteceu: voando em segredo para Baden-Baden, quartel-general das forças armadas francesas na Alemanha, encontrou-se com os principais comandos. Falando-lhes, evocou suas origens e fez um apelo dramático: ou o Exército o apoiava, ou a subversão totalitária tomaria conta do país. Os oficiais se comoveram, e o general Metz, comandante da praça de Paris, discursou dizendo que todos obedeceriam ao presidente legitimamente eleito. De Gaulle sentiu-se vencedor, e a rebelião dos jovens passou a ter seus dias contados.

Eleições de 68

Voltando de seu encontro com os generais franceses em Baden-Baden, De Gaulle dirige-se à nação pelo rádio e pela televisão com a firmeza que sempre o caracterizara. Diz que não renuncia e convoca eleições gerais, que são realizadas em dois turnos, a 23 e 30 de junho de 1968. É quando o "Partido do Medo", formado pela maioria silenciosa, temente da anarquia, demonstra a sua pujança. Concluídas as apurações, os resultados são aplastantes: os gaullistas conquistam 297 das 387 cadeiras no parlamento. Seus aliados republicanos, 53, e as esquerdas reunidas, 137. O Partido Comunista tem seus 73 assentos reduzidos a 34, e a Federação da Esquerda, do ex-candidato a candidato François Mitterrand, que antes da crise tinha 121 deputados, consegue eleger apenas 57. Falando ao *France Soir*, seus inconsoláveis líderes lamuriam: "Pagamos pelas barricadas que não erguemos". O país volta à normalidade, e, auto-exilado na Inglaterra, Daniel Cohn-Bendit começa pouco a pouco a transformar-se em pequeno burguês.

Depois da guerrilha

Terminada a guerrilha de maio de 1968, parti em peregrinação profissional pela Europa, retornando a Paris um mês mais tarde. Quando desci no aeroporto de Orly, completamente normalizado, e dali me dirigi ao meu bairro – o Quartier Latin –, fui percebendo, ao longo dos catorze quilômetros do caminho, que as coisas haviam mudado. As bandeiras vermelhas e negras tinham sumido. Em seu lugar, *corbeilles* tricolores drapejavam ao vento ameno de uma primavera a substituir o inverno de sombras e de medos de maio. Desço o bulevar Saint Michel e o noto fisicamente diferente: seus plátanos centenários, serrados criminosamente pelos anarquistas, estavam substituídos por mudinhas novas, e o antigo calçamento de paralelepípedo, coberto por espessa camada de asfalto. Enfim, as mudanças aparentes eram essas. E as mudanças essenciais: teriam elas acontecido na cabeça das gentes?

O que mudou?

Que mudanças maio de 1968 provocou na França? Para mim, muito barulho, pouco resultado. Como o famoso parto da montanha que pariu um rato. Aliás, a história do país está plena de contradições. A Revolução Francesa não decapitou a monarquia para abrir caminho a um absolutista como Napoleão Bonaparte? Alain Krivine, um dos líderes das barricadas, disse que "essencialmente, o movimento não mudou nada. Não tinha base, e o máximo que discutíamos era o dia seguinte". Concede, no entanto, que despertou o feminismo, a ecologia e o anti-racismo. Se fosse verdade, o racista Le Pen teria 15% do eleitorado? Enfim, sobraram as frases. Como uma pichada na Sorbonne e que, encerrando esta série, dedico ao doutor FHC: "*Quand le dernier des sociologues aura été étranglé avec les tripes du dernier bureaucrate, aurons-nous encore des problemes*?" (Quando o último dos sociólogos for estrangulado com as tripas do último dos burocratas, teremos ainda problemas?).

Diários de viagem

1993
USA – Europa

Atualização

Durante três semanas voltei a escancarar as minhas janelas para o mundo. Passei o Natal em Nova Iorque, o ano-novo na Espanha, a Epifania em Roma e a primeira semana realmente útil de 1993 na eterna Paris. Ao contrário do que observei na primavera do ano passado, registrei agora fortes e negativas mudanças por toda a parte. A terra de meus ancestrais avoengos, por exemplo, transformou-se em um dos países de vida mais cara do planeta. Já em Nova Iorque, meu velho amigo Claude Erbsen, vice-presidente internacional da *Associated Press*, me alertava: Madri tinha se convertido na recordista mundial de preços, batendo até mesmo Tóquio. Foi o que ali senti, e no bolso. São essas vivências, tão indispensáveis para a atualização do profissional de imprensa quanto, para a minha vida, o ar que respiro, que, a partir de hoje, sempre, com objetividade e isenção, começarão a desfilar neste Diário.

21 de janeiro, 1793

Durante a minha semana de Paris, mais do que a recessão, mais mesmo do que o confronto com o Iraque, o assunto foi a pretendida reabilitação de Luís XVI. É que, às 10h12 de 21 de janeiro de 1793, a cabeça de sua majestade foi separada de seu real corpo pela guilhotina e exibida à platéia ululante que naquela manhã fria lotava a praça da Revolução, hoje Place de la Concorde. Só que, passado o porre inicial de ódio, veio a reflexão. Que perdura até os nossos dias. A verdade é que, embora dissimule, mas nem sempre com convicção, não há povo que nutra tanto sentimento de culpa regicida e de nostalgia monárquica como o francês. Meia dúzia de anos depois do terror, Napoleão já se coroava. E não duvido que o general de Gaulle em seu tempo e Mitterrand agora, se moços fossem, não tivessem sido tentados a restabelecer o anseio de uma nação que sonha com um rei e que não se perdoa por ter decapitado o último deles.

Luís XVI

O que o correspondente de um diário local que se encontra em Paris, mas que não fala francês, não informou, não deixa de ser importante: o arcebispo recusou-se a franquear a Notre Dame para que ali fosse rezada a missa em memória de Luís XVI. Motivo: temor de implicações políticas e do acerbamento de paixões que dois séculos não amainaram. O culto limitou-se apenas a igrejas periféricas e, perdoem o *calembour*, mais realistas. A França se encontra mais uma vez dividida. De um lado, os adeptos de Robespierre: "Não tenho por Luís nem amor, nem ódio. Mas Luís deve morrer porque é preciso que a pátria viva". Do outro, os ainda hoje seguidores do próprio rei, que pouco antes de morrer escrevia: "Há quatro direitos naturais que o príncipe deve manter que vêm de Deus e são anteriores a qualquer lei política: a vida, a honra, a liberdade e a propriedade". Se Luís XVI fosse julgado hoje, seria guilhotinado outra vez?

Nova Iorque I

Meu filho Alcides, que havia estado em Nova Iorque quando menino, encantou-se com a imponência da cidade, sinfonia de edifícios reluzentes de alumínio e vidro fumê espetando as nuvens baixas. Sem querer tirar seu entusiasmo, digo-lhe que Roma e Paris são mais bonitas ainda. E isso não só hoje, como no futuro. E repito uma frase que meu velho amigo Antônio Caringi, o maior de nossos escultores, costumava dizer: "Arranha-céus não dão belas ruínas". Enquanto tal não acontece, passamos os dias caminhando, do Central Park até o Soho. Ali, no Asti, um dos seus restaurantes mais pitorescos, a nossa despedida. A característica do Asti, freqüentado outrora por Caruso e agora por Pavarotti, é que, dos cozinheiros aos garçons, todos são cantores. E, junto com o dr. Fernando Lucchesi e família, com e como eles, cantamos também, enquanto lá fora há ameaça de neve e aqui dentro brilha o generoso sol italiano.

Nova Iorque II

Eça de Queiroz costumava dizer que havia mais civilização num beco de Paris do que em toda a imensa e moderna Nova Iorque. Vá lá que isso fosse verdade há um século. Agora não o é mais. Manhattan é um dos maiores centros culturais que conheço, e suas manifestações artísticas nada perdem para Londres, Roma ou Paris. Sem falar nos grandes cartazes em exibição na Broadway, há os museus, que se alinham entre os grandes do mundo. Uma visita ao Metropolitan ou à Frick Collection vale em dólar o preço da viagem. Em tudo e em toda parte, o superlativo. E isso funciona tanto para as artes em geral quanto para as letras em particular: nunca vi tantos títulos novos editados nem tão grandes livrarias como ali. Dentro de seu pragmatismo de romanos do século XX, os americanos afirmam que raras são as coisas que o dinheiro não pode comprar. A maioria delas, com requinte e bom gosto, se encontra hoje em Nova Iorque.

Fusos

De Nova Iorque a Madri, são seis horas e trinta minutos de vôo em jato convencional. Se o vento soprar forte a favor, o tempo pode ser reduzido em até meia hora. Como a diferença de fuso é de seis horas, quem, como nós, sai às seis da tarde de Kennedy, chega às seis da manhã em Barajas. Comigo já aconteceu o contrário: certa vez, embarquei em Madri ao meio-dia e desembarquei em Nova Iorque à mesma hora. O mais interessante é vivenciado pelos passageiros do Concorde, que descem nos Estados Unidos até horas antes de terem decolado da Espanha... Fico cogitando sobre esses e outros mistérios temporais enquanto o Boeing da Ibéria taxia no solo vermelho espanhol. É madrugada e, como na América do Norte, o dia não clareia antes das nove horas. O avião veio lotado. Pudera: com a guerra das tarifas internacionais, uma passagem para tão longo percurso custa menos do que uma boa *paella* em Madri, como logo eu iria gastronomicamente constatar.

Mudou a Espanha

Mudou a Espanha, e, modéstia à parte, mudei eu. Só que, para a terra dos meus antepassados, a mudança foi muito rápida. Coincidiu, pelo que detectei, com a presença da TV em todas as bibocas e com a lamentável influência americana em sua programação. Cada país tem a TV Globo que merece, e a Espanha não é mais feliz do que nós. O recato da mocidade, um de seus apanágios, sumiu. E, como no resto da Europa – de quem a muralha dos Pirineus a isolava –, o consumo de drogas, e de drogas pesadas, passou a ser tão dramático que levou o governo à medida heróica de sua liberação controlada, o que só agravou o problema. Há um par de anos, a Espanha era um planeta diferente de sal e sol. Hoje, infelizmente, está se transformando em apenas mais um membro insosso da comunidade européia a despersonalizar-se pela ditadura da mídia eletrônica.

Alicante

Já no dia posterior à chegada a Madri, embarcamos num Boeing da Ibéria para Alicante. Meia hora depois, trocávamos um inverno de zero grau por um veranico de quinze. Alicante fica à margem do Mediterrâneo, a África do outro lado, a poucos quilômetros. Mesmo no auge dos invernos, sua temperatura é amena. Por isso, foi escolhida pelos aposentados da Inglaterra e Escandinávia como sítio ideal para desfrutarem seus últimos anos de vida. Devido a essa demanda, a partir do começo dos anos 1960, registrou um "boom" na construção civil. Dezenas de milhares de apartamentos se ergueram na sua então quase deserta praia de San Juan. A maioria foi comprada pelos nórdicos que para lá se mudaram. Graças ao baixo custo de vida, viviam como nababos. A partir da feira de Sevilha e das Olimpíadas, porém, a Espanha se converteu em um dos países mais caros do mundo. Os aposentados estão voltando para as origens, e a maioria de suas propriedades está à venda ou para alugar.

O último porto

Entro em 1993 com os meus parentes em Xixona. É um *pueblo* ao alto da serra, a vinte e cinco quilômetros de Alicante, que não tem mais de oito mil habitantes. Foi dali que, em fins do século passado, meus avós partiram para a grande aventura. Com as terras exauridas, o velho Alcaraz decidiu fazer a América. Vendeu o que tinha e desceu a *sierra de la Carrasqueta*. No escritório da companhia da navegação de Alicante, pediu uma passagem para o último porto da América do Sul. Era, em seu entender, Buenos Aires. O agente consultou o mapa, procurou, procurou, *puerto*... porto, e chegou à conclusão de que o porto era o da capital do Rio Grande do Sul, Brasil. Dois meses depois, com escassa bagagem e numerosa família, *don* Eugênio Alcaraz desembarcava em Porto Alegre. Onde, por engano, iria fundar a sua dinastia.

Buena madera

Recupero os quilos que perdi no Spa de Caldas da Imperatriz com um regime inverso intensivo na Espanha. O ponto alto dos comes e bebes foi na aldeia de meus antepassados, no interior do Levante espanhol. Ali, disputados pelos parentes e amigos, participamos de uma média de oito almoços – *meriendas* – ou ceias diários. Meus primos mais velhos têm todos mais de noventa anos e continuam trabalhando. "*La raza es de buena madera*", me diz Constantinet, do alto da experiência de seus noventa e quatro anos. E, como que para demonstrar, aplica o machado no tronco centenário de uma oliveira, que reduz a achas. Embora sua *finca* e de seus irmãos fique em perímetro urbano, recusa-se a loteá-la, e dela continua tirando o sustento. Ali chove apenas a cada dois anos, se tanto, e o valor da propriedade é devido mais às horas de água irrigada que possui do que à extensão da terra.

Presença moura I

Não há localidade ao sul da Espanha, grande ou pequena, que deixe de exibir a marca moura, quer no corpo, quer na alma. A música mais típica da Andaluzia, o *canto hondo*, por exemplo, é puro lamento beduíno do deserto. O sistema de irrigação – e já foi dito que tanto a Espanha quanto o Oriente vivem ou morrem em função da água – é seu legado também. A *finca* de meus primos é valiosa não por sua extensão, mas pelas horas de água que tem. Há mais de mil anos, os árabes construíram ao pé da montanha um açude para recolher resultado do degelo. Dali, desde então, a água corre em canaletas para dar vida à terra árida. O tempo de *riego* para cada um é rigorosamente controlado. Qualquer usurpação é dirimida não pela Justiça comum, mas pelo Tribunal de Águas de Valência, criado outrora pelos árabes. Ele é constituído exclusivamente por agricultores. Apesar disso, as suas decisões são tão irrecorríveis quanto as da Suprema Corte de Espanha.

Presença moura II

Durante quase os oito séculos em que permaneceram na Espanha, os árabes deixaram profundas marcas na alma das gentes e no corpo da terra. Também, pudera: foram 780 anos de convívio entre governantes e povo. A exemplo do que fizeram os judeus, seu trabalho só contribuiu para o engrandecimento da península, e um dos maiores crimes da história foi a brutal expulsão de uns e outros em fins do século XV... Enquanto tal não ocorreu, transformaram o árido Sul da Espanha em verdejante jardim, ao mesmo tempo em que imprimiram marcas eternas em sua arquitetura. O Alcazar de Sevilha, a Alhambra de Granada e a Mesquita de Córdoba, com sua floresta de oitocentas colunas, aí estão até hoje para comprová-lo. Mais do que Meca ou Medina, o Califado de Córdoba foi o mais brilhante e rico do mundo árabe, cuja decadência começou justo no momento em que foram forçados a abandonar a Espanha.

A ESPANHA E O MAR

Não há povo que aprecie mais os frutos do mar do que o espanhol. Mesmo nos anos 1950, quando as estradas eram precárias e as ferrovias não se comparavam às de hoje, chamava a atenção a presença das mais variadas qualidades de mariscos em bares e restaurantes, longe das costas atlântica, cantábrica ou mediterrânea, que banham as terras de Espanha. O impressionante é que os frutos do mar são oferecidos não congelados, mas frescos, sobre gelo picado.

Em muitos *pueblos*, camarão é cozido nas ruas e vendido em cartuchos, como pipoca. E os restaurantes especializados em frutos do mar, mesmo os de pequenas cidades, comparam-se em variedade com os principais de Paris ou Nova Iorque. Para fazer frente a tamanho consumo, o país tem em Vigo o maior porto pesqueiro do mundo, cujas embarcações singram os mares em roteiros tão ousados e distantes como os dos japoneses.

HAY CONEJOS

Entrei o ano na aldeia de meus avós espanhóis. É uma noite fria, o céu cravejado de estrelas diferentes, e nos reunimos no Cassino, o único clube existente. Só que ali não se pratica qualquer espécie de jogatina. Apesar de seu sangue mouro, o espanhol do Levante não é dominado pela paixão do jogo. E, ao contrário do andaluz, ama o trabalho. Há exceções, claro. Meu tataravô, por exemplo. Em suas terras de *La Moña*, mandou plantar uma horta ao lado do quarto, onde dormia até tarde. Só era acordado quando o mordomo lhe avisava: "*Hay conejos, don Eugenio*". Ele então pegava a espingarda, abria cuidadosamente a janela e fulminava o coelho invasor. Que duas horas mais tarde lhe era servido com suculento arroz. Esta e outras histórias vamos recordando enquanto o ano-novo vem chegando. E com ele eternas lembranças de ontem e de sempre.

Valência del Cid

O Levante é a região compreendida entre a Andaluzia e a Catalunha, tendo ao norte Casttila e Aragon e, ao sul e ao sol, o Mediterrâneo. Sua cidade mais importante é Valência. Foi ali que, em 1099, Rodrigo Dias de Bivar travou a última batalha, libertando-a do cerco árabe. Ferido mortalmente por uma flecha, teve ainda forças de voltar à cidadela para morrer nos braços de sua mulher, Jimena. Antes deu-lhe uma ordem definitiva: que, mesmo morto, amarrassem seu cadáver no da égua Babieca e que a fizessem cavalgar à frente dos companheiros contra os inimigos. Os quais, ao imaginar estarem vendo um fantasma, fugiriam em pânico. Em homenagem ao seu grande campeão, a cidade ostenta ainda hoje, grata e orgulhosa, o título de Valência del Cid.

Gastronomia

Não participei de nenhuma tourada na Espanha pela razão de que, no inverno, as arenas quedam fechadas. Travei o meu bom combate sempre à mesa, que é uma das mais ricas e saborosas do mundo. Há tantas especialidades quantas são as regiões geográficas com a predominância dos frutos do mar. A própria aldeia onde passei o ano produz pelo menos duas iguarias que figuram nos compêndios gastronômicos. Uma, doméstica: o *girabois*, preferida pelos príncipes mouros e pelos reis de outrora. Outra, de exportação: o *turrón*. É uma espécie de mandolate de rico, feito de amêndoa, mel, clara de ovo e açúcar. A tradição o faz obrigatório nas festas, e o povoado o exporta para todo o país. Assim, de uma terra que teria tudo para ser amarga, o trabalho e a tenacidade de uma raça obstinada conseguiram extrair um doce fruto para si e para o paladar dos outros.

Roma

De Alicante voamos a Roma. Por não pretender me portar como turista, incorri num erro que nenhum deles comete: desembarquei de noite, em meio a um feriadão, sem reserva de hotel e sem dinheiro do país. Eram 22 horas de quarta-feira, 1º de janeiro de 1993, quando cheguei a Roma. Tirando os passageiros que conosco vieram da Espanha, o aeroporto Leonardo da Vinci (que eles chamam de Fiumiccino) estava deserto. O câmbio do Banco de Roma fechado, idem o *bureau* de reservas de hotéis. Pior: o aeroporto em obras, e uma longa fila para táxis se estendia por mais de um quarteirão. Além disso, muito frio, com termômetros a cinco graus negativos fustigados por um vento gélido dos Alpes. Entre ficar congelado e alugar um carro, tomei a decisão heróica. E, a bordo de um enorme Alfa Romeo, com mulher e filho, abandono Fiumiccino, confiante em que todos os caminhos levam a Roma.

Quirinale

Ao deixar o aeroporto de Fiumiccino, às dez e trinta da noite, eu apostei que antes da meia-noite estaríamos num hotel no centro de Roma. Talvez por influência da religiosidade do local, meus tripulantes repetiram São Tomé e duvidaram e não creram.

Mesmo tendo contra mim a ausência de muitos anos, acabei me localizando. Chegando ao Vaticano, toquei para o castelo de San Angelo e dali até a Piazza del Popolo. Dobrei à direita e, sempre pela Via del Corso, fui dar no monumento a Vitorio Emanuele, que os romanos chamam de "Bolo de Noiva". Peguei então a via Quirinale, desemboquei na Piazza Esedra e parei defronte ao Quirinale. Bem feito: eram exatamente 23h45. Meia hora depois, as malas já nos quartos, sentados diante da lareira com a lenha a crepitar, brindávamos com um Chianti a constatação de que, de fato, todos os caminhos levam a Roma.

Ciganas de Roma

Para quem sai do país de vida mais cara do Ocidente, que é a Espanha, Roma encanta pelos preços. É tudo muito mais barato. A começar pela alimentação, que é menos da metade do que em Madri. Mas a cidade é imbatível pelos monumentos. Uma única visita às ruínas do Foro Romano vale a viagem. Mas cuidado! Tanto o local como as imediações do Coliseu estão infestados por jovens ciganas. Elas cercam os turistas e começam a gesticular, acenar papéis e cantar canções de uma melopéia hipnótica que deixam suas vítimas literalmente paralisadas. Cercam-nas, e as aliviam de tudo o que de valioso possuem. Um amigo meu, jovem empresário, ex-presidente do Instituto Liberal do RS, teve, por elas, roubada a sua carteira com três mil dólares e nada sentiu. Para visitar as ruínas de Roma, portanto, um conselho: fugir dos ciganos e, em caso de impossibilidade, fazer como os marinheiros de Ulisses e tapar os ouvidos com cera.

E.U.R.

Visito a E.U.R. e seu Museo della Civilità Romana. E.U.R. é a sigla de Exposição Internacional Romana. Fica a uns trinta quilômetros do centro e, com seus prédios de mármore branco, foi construída no auge do fascismo como seu cartão de visita. Numa área de 420 hectares, situam-se ministérios, centros de convenções, estádios e museus. Abandonada durante a guerra, foi há pouco reativada. Funciona hoje como novo bairro, com apartamentos amplos e arejados em contraste com os enquistados no labirinto milenar da Roma Velha. Nosso conterrâneo José Galia, o menestrel gaúcho que há cinco anos enfrentou a Itália, e com a mesma arte e determinação com que Juca Chaves o fez há três décadas, também venceu: mora ali, casado com uma moça italiana. Se o Foro e o Coliseu levam ao passado, a E.U.R. nos proteja no futuro da Itália, ambos construídos com muito mármore e com muito bom gosto.

Bello lavoro

Deu na TV que o trem-bala Paris-Lyon atrasou. Motivo: um passageiro, ao tentar retirar a carteira que caíra no vaso sanitário, ficou com a mão presa e acionou o alarme. Os bombeiros soltaram a mão do homem, sempre agarrada à carteira. Comigo aconteceu coisa parecida. Em outubro de 1950, com meu amigo Darcy Alberto Seger, embarquei de Roma para Paris no famoso expresso da meia-noite. Numa cabine vazia, tentamos dormir. Quando o trem cruzava os Alpes, uma lua cheia e incômoda bateu em nossos rostos. Tentei baixar a cortina. Nada. Empurrei a alavanca ao alto. Era o alarme, que disparou e começou a uivar, sinistro. Pânico. Veio o chefe de trem, a polícia, me prenderam e ao meu passaporte, apesar de protestar inocência. Em Paris, fui liberado. "*Bello lavoro*", disse o chefe da polícia ferroviária. Pela primeira vez, um trem posto no horário por Mussolini atrasou, por artes de um brasileiro.

Química aérea

Finalmente sigo para a etapa final de minha atualização na Europa de 1993: Paris. Entre o trem, o carro e o avião, opto pelo que, mesmo sendo o mais rápido, paradoxalmente é o mais barato. Mas não no primeiro impulso. Tanto que, quando vou à Alitalia comprar a passagem, me espanta o preço: é quase o mesmo do que a vinda de Nova Iorque. Pelo sim, pelo não, passo numa agência de viagens. Ali o valor é confirmado. Mas existe um segredo: se eu comprar ida e volta, pagarei apenas um terço do valor normal. Não entendo, mas topo. Mais tarde me informam que, através de complicado e para muitos incompreensível cálculo de desconto por milhagem, as companhias de aviação européias, todas no vermelho, estão se oxigenando para sobreviver. Menos de duas horas de vôo, chego a Paris. Na pasta, uma passagem de volta de Paris a Roma à disposição de quem quiser comprar a veracidade dessa química aérea.

Recessão

Os restaurantes, onde antes as mesas eram disputadas, andam com lotação pela metade. "As pessoas estão com receio de gastar, temendo o amanhã", me confia o gerente do Salut l'Artiste, restaurante típico de classe média, na esquina da Cujas com bulevar Saint Michel. Ali, há um ano, havia fila; agora anda às moscas. Nos jornais, os números são dramáticos. Sem falar no total dos desempregados na França, que já atinge três milhões, a classe A foi também duramente ferida. Somente em Paris, há 168 mil executivos desempregados, e a oferta mensal de desemprego não ultrapassa 3.500. Próspera e farta durante a última década, a França encolhe e se assusta diante da recessão. E, como alguém tem que ser responsabilizado, são os estrangeiros que, através do recrudescimento da xenofobia, sempre muito francesa, começam a pagar o pato.

Eurodisney

Ao contrário de suas similares de Los Angeles, Orlando e Tóquio, a Eurodisney está dando prejuízo. Visitei-a numa manhã de sol em pleno inverno e, tal qual fizera seis meses antes, encontrei-a com a lotação muito fraca. No estacionamento, nem um décimo dos lugares estava ocupado. E, muito diferente do que acontece em suas irmãs americanas e japonesa, não havia praticamente fila, nem mesmo para os mais requisitados brinquedos. Na área gastronômica, um desastre: *maîtres* e garçons postavam-se às portas para caçar clientes. Seja devido ao preço da entrada (quarenta dólares), seja pela ojeriza que os franceses demonstram a tudo o que é americano, apesar do empreendimento ter-lhes proporcionado oito mil empregos diretos. Os franceses continuam a achar a obra de Disney um enclave alienígena e nada fazem para prestigiá-la.

Culinária sagrada

A McDonald's quer instalar uma cachorro-quenteira ao pé da Tour Eiffel. A França, cheia de brios, se ergue em protesto, garfo e faca em punho. E com toda a razão: depois de terem feito um Chernobyl cultural na Eurodisney, é o cúmulo quererem conspurcar a sagrada tradição gastronômica francesa com o *big mac* e outros engordantes, tudo lambuzado de catchup. A bem da verdade, devo dizer que há certo exagero nessa revolta, pois não seria a primeira capitulação parisiense diante da má culinária dos bárbaros. Não há no mundo tamanha concentração de restaurantes de segunda classe chineses e asiáticos como ali. E duas redes de pizzarias de má qualidade – a Pizza Pino e a Mama Pizza – desafiam há anos os sacerdotes do purismo na cozinha. O poeta-ladrão François Villon costumava dizer em prosa e verso que não havia lugar do mundo onde se comesse melhor do que em Paris. Acrescento que, hoje em dia, é onde se come pior também.

Ensinamento

A recessão francesa pode fornecer alguns ensinamentos. Primeiro, um preventivo: funcionários de empresas que atravessam dificuldades pedem redução de salário e jornada a fim de se manter nos cargos. Os que foram despedidos organizam-se em associações onde pesquisam novas oportunidades na Europa ou no exterior. Dão expediente diário, trocam experiências e informações. Os mais expeditos lançaram uma revista, a *Rebondir*, que já chegou a 450 mil exemplares. Outros estudam. Meu amigo Patrick Bourrier, cinqüenta anos, perdeu a diretoria de uma empresa de vidro plano. Enquanto procurava emprego, estudou chinês durante dois anos. Ao término, foi recompensado. Uma multinacional chinesa procurava diretor que falasse francês e chinês. Patrick foi recompensado com o cargo. Na recessão, francesa ou brasileira, o importante é não se entregar e ter persistência para transformar limão em limonada.

Conclusões

No jantar, depois de ter pago a conta, com a gorjeta já incluída, dou ainda dez dólares para o garçom e fico com o receio de que estou dando pouco. É o sinal: está na hora de voltar para o Brasil e para os meus valores. Durante três semanas, vivenciei a realidade dos Estados Unidos da América e da Europa neste começo do ano de 1993. Agora, na sala Ícaro da Varig, anoto as minhas conclusões de que tanto um quanto o outro atravessam uma de suas mais duras recessões. No entanto, ao contrário do que acontece conosco, ambos julgam ter encontrado uma saída de esperanças, seja com a eleição de Bill Clinton, seja com a abolição das fronteiras. De mais a mais, as pessoas são sérias, e os valores são respeitados. Termino de escrever isso no meu Diário quando chamam para o vôo. Próximo a mim, o cronista Ibrahim Sued, com voz rouca, mas a altos brados, ordena ao *barman* mais um uísque com cerveja.

1993

Escócia – Loch Ness

Invasão dos coelhos

Ao chegar, não vejo no aeroporto Charles de Gaulle as cenas de guerrilha urbana que iria presenciar em meu regresso. Por sua selvageria, a atual greve do pessoal da Air France me faz lembrar a revolução das barricadas, que, em maio de 1968, testemunhei na mesma Paris. A fúria é tanta que piquetes se jogam em cima dos aviões em movimento, impedindo-os de decolar. Iniciada dois dias antes de minha volta, fere no ventre a companhia, causando-lhe mais de dez milhões de dólares diários de prejuízo e arrastando-a à falência. Felizmente o panorama de meu desembarque é bucólico e pacífico, as folhas mortas iniciando seu balé de outono, e milhares de coelhos emergindo de suas tocas em volta às pistas e atraindo número igual de gaviões em sua caça. Volta e meia, um é aspirado pelas turbinas, quase derrubando um jato. Em minha chegada a Paris, a invasão dos coelhos no aeroporto preocupa tanto os meios aeronáuticos quanto a saúde da Air France.

De carroça

Desembarco depois de onze horas de viagem em avião lotado e saio à procura de um carro. Dois meses antes, havia comprado aqui um Peugeot 405, zero quilômetro, por apenas 875 dólares. Com uma condição: a de revendê-lo um mês mais tarde para a própria companhia. Uma barbada. A empresa, por sua vez, ao receber o auto de volta, transfere-o aos franceses por um preço superior ao do mercado. É o "jeitinho francês" de fugir das filas para comprar um veículo do ano. A operação é feita sem qualquer delonga, e lá vou eu em meio à tarde e às folhas que caem pela auto-estrada de Lille em direção a Paris. Só que vou em marcha lenta: no máximo vinte por hora. É que o famoso Peugeot 405, apesar de zero quilômetro, me foi entregue com duas velas queimadas. Mesmo as mudando em seguida, por sua performance, não chega ao pé de qualquer outro similar brasileiro. Conclusão: lá como cá, carroças há.

Capital do império

Lembro do choque que tive quando, em 1949, em uma viagem de estudantes de Direito a Paris, entrei no Chez Dupont – *où tout est bon*. O bar ficava na esquina do bulevar Saint Michel com rue des Écoles, miolo do Quartier Latin. Ao cruzar suas portas, vi, espantado, um panorama humano que jamais poderia imaginar. Centenas de moças, a maioria de preto e com longos cabelos lambidos, junto com igual número de cabeludos geralmente sujos, a discutir filosofia, fumar muito e bebericar *beaujolais*. Era a autodenominada juventude existencialista, Sartre andava no auge. Agora, transcorridos quase cinqüenta anos, entramos em bar semelhante com fauna idem. Guardadas as proporções, estávamos diante de seres tão exóticos e improváveis como os que se concentram na capital do império no filme *Star wars*. Porque Paris é a capital do mundo, atraindo para si as mais exóticas criaturas.

A Sorbonne

Como faço há quase cinqüenta anos, me hospedo no Quartier Latin. O bairro se chama assim porque outrora os estudantes da Sorbonne falavam latim. E a Sorbonne tem esse nome porque foi fundada por frei Robert Sorbon, confessor de São Luiz, rei de França. Ano: 1253. Desde então e até hoje, quase oito séculos transcorridos, o bairro vive em função de sua vetusta universidade. Ela ocupa um quarteirão e se ocupa em transmitir cultura a moços e moças do mundo inteiro. Seu interior abriga, entre outras coisas, vinte e dois anfiteatros, alguns com capacidade para até três mil pessoas, além de capela, laboratório e dois museus. Não é preciso freqüentá-la fisicamente para beber seus ensinamentos. A Sorbonne, desde os anos 1940, transmite suas principais aulas pelo rádio. Mas, para quem não quer dar-se nem ao trabalho de acompanhá-las, há solução mais simples. Basta acomodar-se em qualquer pequeno hotel nas proximidades, tal qual o fiz, e ali, por osmose, auferir o seu saber.

Ar de Paris

Volto a respirar o ar de Paris. É começo de outono e a cidade ferve de bom gosto e civilização na abertura da *saison*. Para quem conhece seus mistérios, não é cara. Eu, por exemplo, vivo ali por bem menos do que no Rio ou em São Paulo. Em nenhuma delas, porém, as opções que oferece. Neste outubro, por exemplo, além da renovação do repertório em centenas de teatros, Juliette Greco se apresenta no Olympia, Gilbert Becaud no Palais des Sports e Charles Trenet anuncia a comemoração no palco de seus oitenta jovens anos. E, por toda aparte, o ar de Paris. Um dia, por acaso, numa lojinha ao lado da Notre Dame, encontrei uma lata de sardinha vazia, mas hermeticamente fechada com um rótulo surpreendente: *"Air de Paris"*. Imediatamente comprei-a, presenteando-a na volta ao meu amigo Paulo Sérgio Pinto. Ele exultou e, a todo o momento, a abre e dá-lhe uma respiradinha. Foi a inteligente maneira que encontrou para, mesmo a distância, inebriar-se com o ar de Paris.

Rumo ao Loch Ness

Nosso objetivo agora é a Escócia. Estacionamos o carro no *parking* da Peugeot no aeroporto e lá vamos, via Air France. Destino: as Highlands, ou, mais precisamente, o Loch Ness e seu legendário monstro, o (ou a) Nessie. Para facilitar as coisas, já nos espera no aeroporto brumoso de Edimburgo um carro que eu alugara via fax em Paris. Tem um nome estranho e é o último lançamento da Ford, que vem arrasando a concorrência. É, pois, a bordo de um Mondeo 1994, todo eletrônico, que começamos a subir para as terras altas da Escócia. Minha mulher e filha atrás, na ala dos fumantes, e eu de engenheiro de bordo, mapa em punho. No timão, meu genro. O qual, durante todo o tempo na Escócia, e afrontando minhas tendências sabidamente reacionárias, usou sempre a esquerda. Para dirigir.

Na trilha romana

Por sugestão de Marcos Vinícius Pratini de Moraes, palmilhamos a Escócia apenas por estradas secundárias. É a melhor maneira de conhecer um país e privar com a sua gente. Acrescente-se como vantagem que os caminhos foram traçados há vinte séculos pelos romanos, que, no maior movimento de expansão bélica da história, levaram suas legiões aos confins do mundo conhecido. Uma das provas é essa pequena cidade: Fort Augustus, cujo nome até hoje homenageia o sucessor de Júlio César. Fort Augustus fica na extremidade sul do Loch Ness, nosso primeiro objetivo. Há nas imediações um castelo, com direito a fantasma, que recebe hóspedes e que me foi recomendado por Pratini de Moraes: o castelo de Inverloch. Estacionamos diante de sua imponente entrada. Desço e sou recebido por dois mordomos de libré. Eles me dão a primeira e agradável decepção da viagem: *Sorry*, não há vagas. Suspiro aliviado: a diária do Inverloch é de quinhentos dólares.

Escócia e Galícia

A paisagem das Highlands é de uma beleza verde tão surpreendente quanto a da Galícia. Escócia e Galícia têm também outro ponto em comum: os ancestrais. Tanto ali como ao norte de Portugal, a colonização foi celta. Costumes semelhantes ultrapassaram os séculos, como também o uso comum de um instrumento musical: a gaita de fole. Ouvimo-la em uso à saída de uma pequena igreja do interior, saudando com seus acordes fanhosos a saída dos noivos, escoltados por um bando de marmanjos vestidos a rigor: saiotes e meias quadriculadas, camisa de seda rendada, gravata e paletó. Cada clã possui um *tartan*, desenho que identifica o tecido e que é de seu uso privativo. E cada um tem o seu segredo no fabrico da bebida nacional: o uísque, que, em homenagem à terra onde foi criado, se chama *scotch*, escocês, o qual, consumido em doses industriais, enseja até enxergar duas outras instituições nacionais: os fantasmas dos castelos e o monstro do Loch Ness.

Culinária escocesa

Os *gourmets* costumam falar muito mal da cozinha inglesa. Esquecem, por imperdoável desconhecimento de causa gastronômica, que a Escócia é irmã xifópaga da Inglaterra e que ali se priva com uma das mais finas culinárias do mundo. Sem falar nos mil e um preparos de salmão, cujo início da temporada de pesca, a 22 de outubro, é apregoado em *outdoors* que cruzam o país, os escoceses preparam com requintes que encantariam qualquer *chef* francês pratos incomparáveis com a também incomparável carne das Highlands. Não é à toa que uma das mais conhecidas cidades da Escócia se chama Aberdeen, de onde se originou o gado que leva seu nome. Em todos os restaurantes que freqüentamos, desde as tabernas à beira da estrada até as caves cinco estrelas dos castelos, o menu invariavelmente oferece uma sopa incomparável, seguida de peixe e/ou carne. E se seu sabor é igual ao melhor francês, o preço não é superior aos de Porto Alegre.

Procurando Nessie

Finalmente chegamos ao nosso principal destino na Escócia: o Loch Ness. Vamos agora palmilhar de baixo para cima e de cima para baixo seus trinta e sete quilômetros de extensão por uma largura que varia de 1,5 a dez quilômetros. Excetuando os olhos de meu genro, sempre grudados na esquerda, por onde dirige, os dos demais expedicionários se fixam nas negras águas do mais famoso lago do país. Claro, é uma visão superficial, que não consegue penetrar nas profundezas, que em certos lugares atingem até trezentos metros. Foi delas que, no ano de 565, diante do castelo de Unquahart, bem nas barbas de Santa Colomba, que ali rezava, emergiu um monstro formidável, que a partir de então jamais deixou de se fazer presente, seja diante dos olhos, seja na imaginação das gentes.

Faturando Nessie

Desde o ano 565, quando teve sua primeira aparição documentada por Santa Colomba, o monstro do Loch Ness vem incendiando as imaginações. Graças a ele o Ness se transformou no mais famoso dos *lochs* escoceses. *Lochs* são lagos de água doce, que geralmente se comunicam com o mar. Mesmo sem a presença do monstro, o Ness por si só justifica uma viagem. Estende-se de Fort Augustus a Inverness, quase amputando a Escócia da Grã-Bretanha no sentido norte-leste. Não há povoados às suas margens, apenas um "Centro Oficial de Exibição do Monstro", auspiciado pelo governo e visitado por milhares de pessoas. As águas são escuras como petróleo e abundantes em salmão. A existência desse peixe é que garantiria a alimentação das estranhas criaturas que ali teriam ficado encerradas no período jurássico e sobrevivido até hoje, para o bem do Departamento de Turismo e felicidade geral dos comerciantes da região.

Fotografando Nessie

Durante dois dias, paramos no castelo Dunain, em meio a verde parque, às margens do Loch Ness, que passamos a perscrutar em todas as direções. Objetivo: localizar seu monstro, fotografá-lo e, com a venda dos direitos autorais, pagar a viagem etc. Vã esperança, frustrante ilusão! Mesmo tentando duplicar a visão com generosas doses de uísque nacional, ou *scotch*, como dizem eles, não houve jeito de vislumbrar nenhuma das três corcovas do Nessie, registradas centenas de vezes desde que a máquina de retrato e a filmadora foram inventadas. A primeira e mais famosa das fotos data de 1933. Foi tirada pelo metalúrgico Hugo Grey, que mais tarde afirmou sob juramento que, ao sair da igreja completamente sóbrio, como convém de manhã, olhou para o lago e viu um bicho formidável de dez a quinze metros nadando sobre as águas. Sem perda de tempo, registrou o histórico flagrante. Submetida aos mais sofisticados testes, a foto resultou ser autêntica.

Estupidez humana

À margem do Loch Ness, o Ministério do Turismo instalou o "Centro Oficial de Exibição do Monstro". É um prédio de dois andares, cercado por lojas de *souvenirs*. A exibição propriamente dita consta de painéis com fotos e histórias de aparições de Nessie e de engenhocas empregadas para a sua localização, inclusive um submarino de bolso. Há, ainda, o que me deixou chocado pela estupidez do bicho homem, um arpão eletrônico destinado a fisgá-lo. Ou seja: se o avistarem, pretendem matá-lo. Felizmente todas as expedições que há meio século o tentam caçar têm fracassado. Inclusive a maior de todas, em 1987. Foi a "Operação Deepcamps", na qual foram gastos milhões de dólares. Mobilizou-se uma flotilha de vinte embarcações, alinhadas uma ao lado da outra, que varreram o lago com seu sonar. Felizmente Nessie escapou. Ficou, porém, registrada na tela a presença nas profundidades de grandes animais até então não encontrados nem no oceano.

Desafio

Vou botar mais lenha na fogueira desse fascinante assunto do monstro do Loch Ness referindo as experiências e pesquisas do milionário americano Robert H. Rines. Em junho de 1971, avistou Nessie defronte ao castelo de Unquhart, onde o dinossauro (ou um de seus antepassados) foi visto pela primeira vez. A partir de então, tomou como desafio encontrá-lo. Comprou sofisticada câmara submarina Edgerton, idêntica à usada pelo comandante Cousteau, e a acoplou a um minissubmersível equipado com sonar. Certo dia, a varredura deu com um cardume de peixes que fugiu ao surgir um grande traço negro na tela. Foi o primeiro registro do monstro, mas não suficiente como comprovação. Crente e insistente, está agora treinando golfinhos, em cujos lombos vai instalar câmeras e que passarão a perseguir Nessie até contactá-lo. "Quando tal acontecer" – diz – "o mundo vai estremecer."

Mistério no lago

Há sessenta anos, um estranho e gigantesco animal vem sendo sistematicamente fotografado no Loch Ness. Aparenta a forma de dinossauro e possui quatro nadadeiras. Submetidas a criteriosos exames científicos, as fotos, em sua maioria, revelaram ser autênticas. Há, portanto, fundamentadas razões para supor-se que, nas profundezas do mais famoso lago escocês (que chegam a atingir trezentos metros), sobreviva uma espécie de dinossauro aquático que teria escapado de seu extermínio geral há setenta milhões de anos. Para algumas testemunhas, sempre juramentadas, o monstro seria anfíbio. Há depoimentos que afirmam tê-lo encontrado em pequenas enseadas. Tem também a experiência apavorante do veterinário Arthur Grant, que quase o atropelou com sua moto quando, numa madrugada, Nessie atravessava pachorrentamente a estrada. Fantasias à parte, uma coisa parece certa: o ventre escuro do Loch Ness abriga formidável mistério.

Adeus ao monstro

Com pesar, vamos deixando o Loch Ness. Duplo pesar: primeiro por não poder continuar explorando o monstro e segundo por não ter conseguido fotografá-lo, deixando de ganhar uma fortuna. Assim, e não sem pesar, damos adeus ao castelo Dunain, que tão fidalgamente nos acolheu. Construído no século XVII, está em perfeito estado. Mas não foi sempre assim: há ainda um par de anos estava caindo. Foi quando os donos, nobres arruinados, como a maioria de seus pares, tomaram a decisão heróica. Em vez de fazerem como os demais lordes que abrem as mansões à visitação por uns trocados, resolveram transformá-lo em hotel. Restauraram seis quartos, Mr. Nicholls foi para a portaria, as filhas para a arrumação, e a castelã baixou para a cozinha, onde se revelou uma das melhores quituteiras da Escócia. Resultado: a fama da sua culinária correu a Escócia, e os castelões, além de voltarem a ser ricos, são agora também famosos pela hospitalidade.

O plesiossauro

Não tendo encontrado o monstro do Loch Ness, consolo-me "deixando-me fotografar" (como diziam as legendas do jornalismo de antanho) ao lado de sua réplica de plástico, que o Ministério de Turismo da Escócia mandou fazer. É um animal de plástico de seus cinco metros, o corpo lembrando o de uma tartaruga com quatro nadadeiras e um esguio pescoço de cobra. Quanto a Nessie de verdade, continua desafiando os homens e a ciência, do fundão imperscrutável do lago. Como será ele (ou ela)? Simon Welfare, que pesquisou a sério o assunto, escreve: "(...) que mais parece às suas descrições é o plesiossauro, um réptil comedor de peixe de proporções gigantescas, extinto há setecentos milhões de anos. Mas poderia ele ter sobrevivido ao congelamento do lago na última Idade do Gelo? Além disso, qualquer animal no lago pressupõe uma população reprodutora de pelo menos uma dezena. Será que há tantos monstros assim no lago?".

Fantasmas de Cawdor

Shakespeare inspirou o cenário de *Macbeth* em Cawdor. É um castelo a rigor construído em 1370 e que, segundo o Ministério do Turismo, abriga a maior concentração da Escócia de fantasmas por metro quadrado. Abandonando Inverness, tomamos a B 9006, estradinha secundária, que dez milhas adiante nos deixa defronte ao castelo. É um fim de tarde gris e chuvoso, e a aparência do prédio justifica sua fama sinistra. Estacionamos, e, cheio de coragem, avanço por uma alameda de carvalhos até a porta. Fechada. Bato medievalmente na aldraba, uma, várias vezes. Nada. Os ruídos cavos das pancadas ainda ecoam, quando, tomado por receios inexplicáveis, volto apressado para o carro, onde nos trancamos. Somente então, ao ler com mais vagar o folheto turístico, é que me tranqüilizo: não, não despertei nenhum fantasma. Eles deveriam estar em férias, pois Cawdor só funciona no verão, longe da época em que o fomos visitar.

O castelão de Stuart

Frustrada a tentativa de visitar Cawdor, partimos atrás de outro castelo. Não demoramos a encontrar um: o de Stuart, construído em 1625 e onde viveu a famosa rainha Mary da Escócia. Pagamos duas libras de ingresso, e surge um guia ridiculamente vestido de saiote quadriculado, meias idem e calçando sapatos trecê. Discretamente separo uma libra para alcançar-lhe de gorjeta. Feito o que, abro a porta e vou entrando. Para quê! "Afinal, quem é o líder aqui?" – me fulmina. E, sem esperar resposta, diz que é ele. Mais: que é o dono do castelo, descendente dos Stuarts, nascido nos Estados Unidos. Lá, cansado de ganhar dinheiro sem aplauso, emigrou para a Escócia, onde comprou as ruínas e, depois de quinze anos e outros tantos milhões de dólares, restaurou o castelo. Hoje, para deliciar-se com os frutos de sua obra, passa os dias servindo de guia a turistas ingênuos como eu. Ingênuos, mas nem tanto: concluída a visita e só para retribuir o "pito" que me passou, não lhe dei gorjeta.

Nas terras do *scotch*

Deixando o mar do Norte e cruzando por uma cidadezinha que tem nome de máquina de costura – Elgin –, dobramos à direita e, pela estradinha A 95, rumamos para o coração das Highlands. Nosso objetivo agora são as destilarias. E nem é preciso mapa para encontrá-las: basta deixar-se guiar pelo faro. De fato, o ar azul das montanhas está adocicado de malte. Foi ali nas terras altas que, junto com a tradição das clãs, surgiu a mais famosa bebida do século XX: o uísque, que, em homenagem a sua origem, tomou o nome como é conhecido – *scotch*, escocês. Sempre pensei que as centenas de milhões de litros consumidos em todo o mundo não saíssem todas dali por falta de capacidade. Depois de visitar as terras altas, mudei de opinião. A Escócia tem tanta água pura, produz tamanha quantidade de cevada e sua terra é coberta por tanta turfa que, se quiser, pode decuplicar sua produção.

A turfa e o uísque

Em 1840, Glen Grant instalou uma pequena destilaria num vale da Escócia, a vinte milhas do mar. Torrava levemente a cevada num braseiro de turfa, umedecia-a e a deixava fermentar. O líquido resultante, cheirando a cerveja, era destilado num alambique de cobre, também aquecido por turfa. Aí o segredo do inconfundível sabor do uísque escocês: a turfa, abundante no país. O resultado da destilação era uma aguardente forte, já conhecida desde os celtas: o uísque. De acordo com as leis atuais, porém, só pode merecer tal nome depois de permanecer um mínimo de três anos em barris de carvalho. Era o que, já naquela época, o velho Glen fazia. Por isso, somente em 1843 é que saiu de sua pequena indústria o primeiro *scotch* por ele produzido, que tomou seu nome e que iria se tornar um dos mais famosos do mundo: o Grant's.

1994
Miami – Naples

A Miami de Erico

Miami hoje é muito mais hispano-africana-brasileira do que americana. As estatísticas não deixam dúvidas: 60% da população são latinos. Não é, pois, de admirar-se que seu prefeito, *señor* Xavier Suarez, seja originário de Cuba nem que o espanhol, junto com o inglês, seja o idioma oficial falado pela maioria de seus 1,8 milhão de habitantes. Bem diferente dessa Babel de confusas raças era a cidade que Erico Verissimo conheceu em 1943 e que descreve em *A volta do gato preto*: "Miami é alegria, plena, simétrica, colorida... É um burgo de turistas, parque de diversão de milionários, os quais têm belas vivendas de inverno ao longo de suas lânguidas praias brancas que a névoa e o frio nunca visitam. Se eu tivesse que eleger um símbolo vivo para Miami, escolheria aquela rapariga que vem ali atravessando a rua com passos firmes. Ela é o verão, a praia, o vento, o sol. Ela é um feriado, um veleiro, uma onda. Ela é Miami".

Miami II

O *downtown* (centro) de Miami é um horror, pior do que o de Porto Alegre. O comércio de Faggler Street, uma espécie de rua da Praia deles, dominado por judeus e árabes, é muito parecido com o praticado no Oriente. As mercadorias não têm preço fixo, e um artigo que começa a ser ofertado por cem dólares, dependendo do pechinchar, pode ser reduzido a menos da metade. Fujo, portanto, do centro e me dirijo a seus bairros finos, Coral Gables ao norte, Coconot Grove ao sul. Ali há centros comerciais esplêndidos, restaurantes finos, pouca poluição latina e barzinhos com mesas na calçada, mas sem vista para o mar. Em Miami, ao contrário do Brasil, a praia não é pública, mas pertence aos donos das propriedades que a ela têm acesso. Em compensação, para a superfície de 2.054 acres que ocupa, 354 margeiam o mar e seus canais, o que faz a alegria dos donos dos oitenta e cinco mil barcos de lazer ali registrados.

Miami III

Depois de dois dias em Miami, viajo para o Golfo do México. Faço-o a bordo de um Chevrolet Caprice que só falta falar, equipado, entre outras coisas, com *air-bag*. São balões de ar, embutidos defronte aos bancos dianteiros, que se inflam em caso de batida e cuja utilidade tem sido demonstrada pelo número de vidas que salvaram. Aliás, pela primeira vez nos trinta anos que dirijo nos Estados Unidos, espanto-me diante de acidentes em suas *highways*: no trajeto que fiz antes para Palm Beach, vi dois automóveis baterem e um deles incendiar-se e agora, na saída de Miami, encontro um esqueleto de um carrão carbonizado. Estranho: a velocidade, limitada em cinqüenta e cinco milhas (88 km/h), é geralmente obedecida pelos americanos, que respeitam a lei porque sabem que ela é dura. Não quero levantar suspeitas, mas não duvido de que os desastres tenham tido como responsáveis nossos indisciplinados irmãos latinos, que hoje infestam a geografia da Flórida.

Miami – Naples

A Flórida é um imenso pântano que o engenho do homem transformou num jardim. Mas não em toda a parte. O percurso pelo qual sigo agora pela A-41 e que corta a península, unindo Miami a Naples, no Golfo do México, é um banhado sem fim. A estrada, reta a perder de vista, é de pista simples, o que faz com que os motoristas, por precaução, dirijam de farol aceso em pleno dia. Margeia um canal de águas turvas, chamado Tamiami, a cuja margem, de caniço em punho, se postam pescadores. Por toda parte, o banhado, do qual sobressai apenas uma que outra palmeira subdesenvolvida. A intervalos regulares, cartazes convidam para visitar aldeias de índios legítimos ou fazendas de criação de crocodilo, a bordo de *air-boats*, barcos de fundo chato movidos pelo vento gerado por uma espécie de ventilador fixado à popa. O afluxo é grande. O que me faz concluir que, mesmo de um charco, os americanos conseguem extrair riqueza.

No banhado

A parte que percorro na península da Flórida e que a atravessa do mar das Bahamas ao Golfo do México é uma das mais pobres dos Estados Unidos. Durante mais de duzentos quilômetros, não se vê um único povoado, e até os postos de gasolina são raros. Além da vegetação rala, uma constante: o canal Tamiami, nome do rio da mesma palavra indígena de onde surgiu Miami. Com uma diferença: o canal se pronuncia tímiami, e não tamáiami. Dele partem excursões para aldeamentos indígenas ou fazendas de criação de crocodilos, as duas únicas atrações do imenso charco. Paramos num de seus redutos, onde vejo o rebotalho de uma raça há séculos escorraçada para aqueles pântanos pelos fortes índios que dominavam a geografia temperada americana. Naquele banhado, apenas uma coisa se desenvolveu, além dos mosquitos: os crocodilos em cativeiro que chegam a viver cem anos.

Naples

O lugar onde passo o Carnaval tem o nome de Nápoles traduzido para o inglês: Naples. Não sei se foi batizado assim em homenagem ao homônimo italiano, mas não duvido: há incontáveis cidades e acidentes geográficos nos Estados Unidos que homenageiam a terra da pizza, não em tanta quantidade como os que lembram a Espanha, é verdade, de quem tanto a Flórida como a Califórnia foram apropriadas pelos ianques. Naples é uma encantadora cidadezinha com pouco mais de cinqüenta mil habitantes e que, devido à excelência do clima tropical, serve de refúgio a americanos ricos. Estende-se à beira do Golfo do México, onde um mar azul e sem ondas banha praias de areia branca e grossa. Ao contrário do Brasil, a lei não contempla a existência dos chamados terrenos de marinha e as praias não são públicas, mas dos donos das propriedades lindeiras, sejam residências, sejam hotéis.

Concentração

Ao contrário das cidades do Leste da Flórida, Naples não possui enclaves de negros ou latinos. Situada a duzentos quilômetros de Miami, ali, no entanto, não se fala nem se entende o espanhol a não ser entre os ocupantes de funções subalternas. Já se vê, portanto, que é evitada por turistas brasileiros. A população é toda americana e, em sua maioria, rica. Rica e velha. Ao percorrer suas ruas, praias e shoppings, começo a alimentar a suspeição de ter ocorrido um vazamento em Gizé e no Vale dos Reis e que todas as múmias do Egito, tragadas por uma corrente intemporal de vento, foram lá se concentrar. Velhos e velhas que honrariam a venerável secção de antiguidades do museu do Cairo pululam em Naples em quantidade industrial, lépidos e arteiros. Por isso fiz questão de ali permanecer o Carnaval, sentindo-me de repente, em contraponto com tanta velharia, jovem como um guri.

The brazilians

Estou em Naples vendo o telejornal da CBS quando, sob o deboche dos locutores – "*Ah... those brazilians...*" –, é exibida a atuação de Itamar no sambódromo. A partir de então, trato mais ainda de esconder minha nacionalidade. Já tinha tomado essa atitude ao chegar a Miami: ali o vexame é permanente. Além dos imigrantes nacionais clandestinos que infestam a cidade, bandos de excursionistas inconvenientes fazem questão de ostentar sua má educação. Volta e meia o pundonor pátrio se melindra ao sabermos de restrições que Portugal, Itália e França impõem aos brasileiros, esquecendo-nos de que tal se constitui em justa e necessária reação à invasão que durante anos sofreram passivamente de vigaristas e travestis verde-amarelos. Se, em vez de nos indignarmos com a atitude de defesa que nações civilizadas tomaram em sua salvaguarda, cuidássemos de educar os maus patrícios que nos comprometem, nosso conceito no exterior seria outro.

1995

Las Vegas

Romanos do século XX

A vez primeira que estive nos Estados Unidos foi em 1964, quando, junto com minha mulher e o casal Paulo e Ruth Vellinho, desembarcamos no então rudimentar aeroporto de Miami. Ali alugamos um conversível, a bordo do qual fomos percorrendo uma série de estados, todos com o nome de mulher – Georgia, Virginia e duas Carolinas –, até chegarmos a Nova Iorque. Tocamos depois para Chicago e Los Angeles, num itinerário que durou mais de mês e que concluímos em Las Vegas. Por toda a parte, escoltavam-nos lavouras, chaminés e patrióticas bandeiras – forjas de uma nação que, então no auge da Guerra Fria, já se projetava para a liderança única que hoje ocupa. Impressionado com o que vi e traçando um contraponto histórico, escrevi uma série de reportagens que o *Correio do Povo* estampou com destaque em suas edições dominicais. Título: "*Entre os romanos do século XX*". É para a sede de seu império que começamos a retornar.

A vingança

À noite de 25 de dezembro, com frio mas sem esperança de neve, saímos a caminhar rumo ao ponto máximo da atração do Natal de Nova Iorque, o pinheiro gigante, coberto de luzes e de enfeites, que é erguido todos os anos no Rockfeller Center. Uma multidão mais concentrada do que em estádio de futebol em final de campeonato aglomera-se no percurso de mais de dez quadras, obstruindo calçadas, ruas e avenidas e mal permitindo que o tráfego se arraste em meio ao estrídulo de buzinas e vociferar de pragas. É gente feia, ruidosa e malvestida, constituída por hispânicos, paquistaneses, indianos, haitianos. É o preço pago pelos romanos do século XX por terem conquistado o mundo: o lumpesinato das províncias invadiu a capital do império para, com sua presença, conspurcar as lupercais.

Culinária

Em minhas incursões culinárias por Nova Iorque, dei-me melhor nos modestos restaurantes de bairro do que nos badalados pela crônica. Um desses, adorado por novos-ricos brasileiros, não passa de respeitável templo da cafonice: o Tavern on The Green. Fica no Central Park e é mais iluminado e enfeitado do que árvore de Natal. Comida regular, mas preços tão altos quanto os do Petrossian, o número um em especialidades russas. Minha mulher pediu lagosta do Maine (trinta e dois dólares) e eu, escalope de frutos do mar com cogumelos (vinte e sete dólares). Meu prato veio frio e devolvi. Voltou, arrastados vinte minutos depois, e, como havia perdido o apetite, devolvi de novo. Apreciei, porém, os italianos do bairro Little Italy. Na viagem anterior, havíamos ali jantado no Asti, com o casal Fernando Lucchese. Agora fomos ao Pellegrini's, com outro médico, meu sobrinho César Gomes Victora, conselheiro da Unicef. Em ambos, passamos bem. E por preços mais baratos do que os de Porto Alegre.

Giant

Sempre achei exagerada a história do filme *Giant* (aqui exibido com o título de *Assim caminha a humanidade*), na qual Rock Hudson e Elisabeth Taylor, ao começarem a envelhecer, vêem a vila que testemunharam nascer transformar-se numa grande cidade. Ora, há pelo menos dois exemplos de metrópoles americanas que me fazem dar foros de verdade à ficção daquela fita de cinema. Las Vegas, que conheci há trinta anos, era apenas um risco no meio do deserto de Nevada, margeado por poucos e modestos cassinos e batizado com o nome de *Strip* (faixa). Orlando, então, não passava de vilarejo em meio ao banhado com um aeroporto pouco maior do que uma garagem. Hoje, para dele sair, só de *shuttle*, que é um trem *monorail*, que dá vazão aos milhares de passageiros que ali chegam. Las Vegas já beira os dois milhões de habitantes e, entre seus hotéis, os maiores do mundo: MGM, Excalibur e Mirage, respectivamente com seis mil, cinco mil e quatro mil quartos cada, e quase sempre lotados.

Preços

No dia 25 de dezembro, começaram as liquidações de inverno nos Estados Unidos. Os preços, que já eram mais baratos do que os daqui, chegaram a cair cinqüenta por cento. Mais: em restaurantes famosos, come-se por preço menor do que os praticados por seus assemelhados de Porto Alegre. Mais ainda: vinho começa a beliscar o tradicional consumo da cerveja. Além dos estrangeiros que lideram as importações, por ordem o Valpolicella Bolla, da Itália, e o chileno Concha Y Toro, os do Napa Valley, Califórnia, evoluíram tanto que alguns chegaram a igualar em qualidade os mais bem elaborados do mundo. Ora, há trinta anos, quando eu pedia vinho em restaurantes médios, poucos o possuíam e, quando o tinham, serviam-no em copos d'água. Taças, nem falar. Hoje está presente em toda a parte. Num mercado gigante como nos Estados Unidos, é fácil imaginar o que tal consumo, sempre em alta, começa a representar para a indústria vinícola mundial.

Caviar

Em Nova Iorque, jantamos no Petrossiam, considerado o número um em especialidades russas no mundo ocidental. Hoje vou traduzir as explicações de seu cardápio sobre seu carro-chefe: o caviar. O único caviar é o constituído por ovos de esturjão, peixe do mar Cáspio. Há três espécies: 1) O beluga, proveniente do maior dos esturjões, que chega a pesar seiscentos quilos e atinge seis metros. A fêmea leva de dezoito a vinte anos para produzir ovas. A cor varia do cinza-claro ao escuro. 2) O ossetra. O peixe é menor, pesando duzentos quilos. As ovas maturam de doze a catorze anos. Cor: varia do ouro ao marrom. 3) O sevruga. A mesma cor. Oriundo da ova de peixe do mesmo nome, de peso inferior. Matura aos sete anos. Preços por porção de trinta gramas: beluga, sessenta e dois dólares. Ossetra, cinqüenta e dois, e sevruga, 39,50 dólares. São servidos acompanhados de *blinis*, uma espécie de panqueca russa ou de torrada com manteiga. Temperar com limão. E bom apetite.

Atlanta

Faço um contraponto entre Las Vegas e Atlanta, onde agora me encontro. Las Vegas foi construída artificialmente em 1931, em meio ao deserto, cavalgando duas proibições que asseguraram sua espetacular prosperidade: divórcio e jogo. Já Atlanta, reduto da aristocracia sulista, tão bem retratada em *E o vento levou*, foi arrasada em 1864, quando o general William Sherman a incendiou. O fato é lembrado em seus catálogos turísticos como exemplo da tenacidade de um povo que, literalmente, renasceu de suas próprias cinzas. Em apenas 130 anos, o estado da Geórgia transformou sua capital num colosso de modernidade. Evoluindo da agricultura movida à mão-de-obra escrava, Atlanta é hoje florescente centro de progresso, abrigando, entre outros, os comandos da Coca-Cola, Delta e CNN. É ali, já de volta para o Brasil, que concluo que o suor do trabalho traz mais resultados do que os azares do jogo.

Caça aos morcegos

À antevéspera do ano-novo, deixo Nova Iorque rumo a Las Vegas. Há uma escala em Salt Lake City, capital dos mórmons, depois de quatro horas de vôo. Trocamos de avião e, no aeroporto local, desesperados passageiros impedidos de sugar seus canudinhos a bordo são confinados num curral envidraçado. Ali, já com a síndrome da abstinência e quase enlouquecidos pela fúria tabagista, fumam como morcegos desesperados. "Ah, enfim, ar fresco", brada um ao entrar no ambiente denso de fumaça. Um dos aspectos que mais impressionou nesta viagem foi a reedição moderna da caça às bruxas na pessoa dos fumantes, discriminados como cidadãos de segunda classe, malvistos e maltratados. Falo com autoridade de quem deixou o cigarro voluntariamente. Jamais o faria por coação, como a que sofrem os americanos. Há muitas formas de exercitar o fascismo, e o humilhante constrangimento impingido aos fumantes nos Estados Unidos é uma delas.

Las Vegas

Mal reconheço Las Vegas. Em 1964, quando ali estive pela primeira vez, aterrissamos num pequeno aeroporto nos limites de um casario insignificante plantado no deserto. O aeroporto era mais modesto do que o Salgado Filho, mas estampava a característica que impulsionou o incrível progresso da cidade: já ao desembarcarem, os passageiros se viam em meio a um ninho de máquinas de caça-níqueis. Seguia-se depois por uma única avenida até o centro, onde se acotovelavam capelas com ofertas tentadoras: "Casamento na hora". Mais adiante, apelos também irresistíveis: "Divórcios instantâneos". Jogo e divórcio fizeram a riqueza da cidade. Dos cento e poucos mil habitantes de 1964, saltou para quase dois milhões, e possui hoje não só a maior concentração de jogatina, como de hotéis de luxo de todo o mundo.

Capital da breguice

Se Las Vegas, por força própria, impõe-se como a capital mundial da breguice, sofro a impressão de que toda a cafonice americana ali se concentrou para as festas de fim de ano. O hotel em que me hospedo chama-se Mirage e reproduz uma floresta tropical. Pela diária (330 dólares), devia ser bem freqüentado. Mas qual nada: nem sinal de *beautiful people*. O hotel é uma floresta, tipo amazônica. Tem ainda aquários com tubarões de verdade, um minizôo com os raros tigres brancos, cachoeiras por toda a parte, a começar pela entrada, onde uma sofre a erupção de um vulcão artificial a cada quinze minutos. Por tudo: desde a roleta a vinte e cinco dólares o minuto até bacará a mil. Por toda a parte a multidão, muitos de bermudas, levando crianças ao colo ou em carrinhos de nenê. Os jogos funcionam vinte e quatro horas por dia e, em toda a história de Las Vegas, somente foram interrompidos uma vez: a 22 de novembro de 1964, quando John Kennedy foi assassinado.

Miragens

O desejo de ser eternamente criança é realizado pelos americanos em Las Vegas. A maior prova são seus hotéis. Comecemos pelo meu: o Mirage. Seu logotipo são palmeiras, significando a miragem de um oásis em pleno deserto de Nevada, dentro do qual se concentram cachoeiras, selva e animais selvagens. Ao lado, outro nos leva ao mar das Caraíbas. Chama-se Ilha do Tesouro e à sua frente ancoram galeões piratas que todos os dias se engalfinham em ferozes batalhas navais. Outro tem o nome da espada do rei Artur: é o Excalibur. Seu formato é o de uma cidadela medieval, com ponte levadiça e tudo. Defronte, o Luxor nos transporta ao Egito. Imita à perfeição a pirâmide de Miquerinos, tendo à frente um obelisco e, à entrada, a esfinge. Por último, o Caesars Palace, reproduzindo, esse, sim, com extremo bom gosto, o foro romano. Apesar de sua breguice, Las Vegas, para uma coisa, serve: para transmitir-nos cultura histórica.

Façam o jogo

Ganhei um bom dinheiro em Las Vegas. Segredo? Simples: não joguei. Se o fizesse, certamente ali deixaria o destinado à viagem. Não que haja desonestidades nas dezenas de jogos de azar ali praticados, aliás controlados pela Máfia. É que, tanto lá como em qualquer outro cassino do mundo, a banca acaba vencendo sempre. Se assim não fosse, não há como explicar o desenvolvimento das casas de jogo nem, como é o caso do Brasil, da manutenção de cassinos clandestinos com os donos se arriscando à prisão. Eu era adolescente quando o general-presidente Dutra, com uma penada, acabou com os cassinos. Tive tempo, entretanto, de conhecer alguns deles, desde o faustoso Quitandinha, em Petrópolis, até os Atlântico e Urca, inclusive os aqui existentes no Imbé e em Tramandaí. Nesses contristava-me ao ver os pobres pescadores deixarem toda a sua féria do dia na roleta. Quando o jogo voltar ao Brasil, deve ser regulamentado de tal maneira que esse crime não volte a acontecer.

Disney dos marmanjos

Devido aos estilos dos hotéis, Las Vegas é uma espécie de Disneylândia para adultos. Nos hotéis, shows inteiros importados dos principais centros do mundo revezam-se para atrair os visitantes. Artistas famosos disputam a clientela, desde o hoje ancião Mickey Rooney até as estrelas do Folies Bergère de Paris. Os preços, tanto dos restaurantes como dos espetáculos, são baixos, mas, para chegar até os palcos, o cliente tem que cruzar uma floresta de máquinas e mesas de jogo, das quais só com muita força de vontade consegue escapar. Acontece, porém, que, ao contrário dos cassinos da Europa, os de Las Vegas não têm a mínima atmosfera. Mesmo o bacará (parada mínima mil dólares), tradicionalmente da aristocracia, é disputado por gente vestindo bermudas. Todos os cassinos que visitei, sem exceção, transmitem a impressão de que se propõem a explorar os turistas mais do que diverti-los.

1996

Portugal

Mar português

Aperte o cinto e não fume que o avião da Varig vai descer no aeroporto de Portela do Sacavém. Ele engoliu o oceano, do Rio a Lisboa, em apenas nove horas, que nem sentimos passar, no conforto regado a *champagne* da classe "Navigator", que ninguém me informou, mas, tenho a certeza, deveu seu nome ao Infante. Aliás, há tempos não me emocionava tanto como ao visitar o Padrão dos Descobridores, proa de granito apontada para o desconhecido, tendo à frente Henrique, o Navegador. Foi ele que, fundando a Escola de Sagres em 1415, ousou iniciar o desbravamento do Mar Tenebroso, iniciando as grandes descobertas. Ao visualizá-lo ali, seguido de seus continuadores, senti-o portador de um sonho espantoso. Sobranceiro à cólera das ondas e dos ventos, parecia ordenar fossem dados novos mundos ao mundo, inclusive o Brasil. Foi por isso que, naquela tarde de outono europeu, postado diante dos heróis do mar português, me comovi e chorei.

Crises de nacionalidade

No jogo Brasil x Espanha, na Copa do Mundo de 1962, no Chile, tive a minha primeira grande crise de nacionalidade: não sabia para que time torcer. A epiderme me levava para o Brasil, mas minhas duas e rebeldes gotas de sangue espanhol, para o outro lado. Foi quando Amarildo marcou e decidiu por mim. Curta alegria, fugaz tranqüilidade: a partir de então, e toda a vez que ia à Espanha, voltava a sentir-me tão espanhol quanto eles, e às vezes até mais. Assim vinha acontecendo, até que, tendo me extraviado na estrada para Fátima, enveredei para a esquerda e, de repente, defrontei-me com um dos mais belos conjuntos arquitetônicos que jamais tinha visto: o Mosteiro da Batalha, construído em Aljubarrota, no mesmo local em que os portugueses derrotaram os castelhanos, tornando sua terra independente. A partir de então e mergulhando na História e na alma lusitanas, passei a sentir-me parte deles, orgulhando-me de tão nobre ascendência.

Comidas

Se eu dissesse que minha mulher e eu costumávamos almoçar em Lisboa por menos de vinte dólares, talvez seja fácil acreditar. O difícil seria crer que a refeição era composta de duas gordas postas de bacalhau com os acompanhamentos, além de uma garrafa de vinho Dão (preferencialmente tinto, que é o mais compatível com o bacalhau), sobremesa e cafezinho. Não, é claro, em restaurantes estrelados, onde o preço equivale a qualquer do gênero, aquém ou além-mar, mas em pequenas, humildes e muito limpas tascas que proliferam pela cidade. A propósito, há em Lisboa um restaurante com um nome pitoresco: a "Casa da Comida". Foi-nos recomendado pelo casal Miriam e Salomão Almalech e fica na praça das Amoreiras. É um ambiente encantador, as mesas circundando belo jardim e uma freqüência requintada. Erico Verissimo dizia que Portugal tinha a sociedade mais fina da Europa, e, nesta viagem, mais essa verdade comprovei.

Identificação

O engraçado (e no português de Portugal engraçado quer dizer bonito) é que só fui apaixonar-me por Portugal em idade, digamos, provecta. De uns anos para cá, porém, cada vez mais me sinto identificado com a alma de seu povo. Velhas figuras de Eça ressuscitam dentro de mim, desde o velho e digno patriarca dos Maias até o irreverente Theodorico Raposo, "português d'aquém e d'além-mar", fazendo-me sentir igual a eles e à sua gente. E assim, por dever de honesto ofício, faço questão de dizer que, em nenhuma ocasião, senti em Portugal qualquer espécie de animosidade para com os brasileiros. Tudo o que se fofoqueou a respeito não passou de solércia gratuita, instilada por certa imprensa por ocasião da artificial "crise dos dentistas", criada por interesses que ocultam sei lá o quê. O português é gentil, bondoso, amável e cordial e faz-nos ali sentir como se estivéssemos em casa.

História antiga

Um dos méritos das viagens é fazer com que se percorra a história dos países visitados. Assim, ao deter-me em Batalha e mais tarde em Sagres, revivi dois momentos definitivos de Portugal. Batalha teve seu mosteiro erguido como pagamento de promessa pela vitória sobre os castelhanos, exatamente ali, em Aljubarrota, no ano de 1385. Foi naquele momento que Portugal se solidificou como nação. Já Sagres, com sua Escola de Cosmografia e Navegação, instalada trinta anos depois, foi o portal para as grandes descobertas. Com o ouro da riquíssima Ordem de Cristo e o apoio do rei, seu irmão, o Infante Dom Henrique, despachou suas expedições para o desconhecido. Primeiro venceu o Cabo Não ("porque daqui se tornará ou não"), logo o Bojador e, mais tarde, o Cabo da Boa Esperança ("porque agora temos a boa esperança de chegar às Índias"). Chegaram. E, pouco depois, ao Brasil. Graças a eles é que hoje estamos aqui.

Alguém sabe?

Lisboa, Torre de Belém, à beira-Tejo plantada. 8 de março de 1500. É daqui que está partindo uma frota de treze caravelas comandada pelo fidalgo Pedro Álvares Cabral, alegadamente rumo às Índias. Açoitada por uma tempestade etc. etc., tal qual nos foi incutido pela História, acabou dando com os costados numa terra desconhecida, a nossa. Ora, para quem acompanha os feitos dos marujos da Escola de Sagres, é brabo engolir essa versão de que o Brasil tenha sido descoberto por acaso. Àquela altura de seu conhecimento e tradição e, ademais, tendo a bordo homens da experiência de um Bartolomeu Dias (o primeiro a cruzar o Cabo da Boa Esperança), a armada de Cabral não era composta de amadores. Os portugueses sabiam muito bem aonde queriam chegar – e chegaram. Talvez por isso mesmo, Pedro Álvares Cabral não passou à História com a auréola dos seus antecessores, eles, sim, heróis a enfrentar o ignoto. A propósito: alguém sabe o nome da caravela com que ele descobriu o Brasil?

As especiarias

Despedindo-me de Portugal, gostaria de referir-me ao grande impulsionador das descobertas: a busca das especiarias. Na Europa, no começo de cada inverno, quando não haveria pastagens, o gado era abatido, salgado e consumido durante longo período. A carne era insossa e sem gosto. Para dar-lhe sabor, temperavam-na com as especiarias que vinham da Índia em lerdas caravanas, arrastando-se durante meses. Foi quando os turcos tomaram Constantinopla e passaram a cobrar-lhes escorchante pedágio, fazendo com que um grama de pimenta valesse mais do que o mesmo peso em ouro. Descobertos os caminhos marítimos, o panorama mudou, como constata João Ameal: "Ano de 1517. O Tejo está cheio de naus com mercadorias exóticas e valiosíssimas. É o gengibre e a pimenta de Samatra. O cravo das Molucas. A canela do Ceilão. O açúcar da Madeira. A noz de Banda. A cânfora de Bornéu. A malagueta da Guiné. O incenso de Calicut. O benjoim de Samatra. Na Casa das Índias, o dinheiro em grande quantidade amontoa-se".

São Gabriel é o nome

Walter Galvani descobriu: o barco se chamava São Gabriel. Detalhes: Pedro Álvares Cabral chegou ao Brasil numa nau experimentada, a São Gabriel, que, no ano anterior, 1499, retornara da viagem de Vasco da Gama às Índias. Pesquisa de Galvani, que, por sinal, estudou em Portugal: vieram treze barcos, conduzindo mil e duzentas pessoas, entre elas o escrivão Pero Vaz de Caminha, frei Henrique de Coimbra, intérpretes como o judeu Gaspar da Gama, degredados e capitães famosos, como Bartolomeu Dias (que morreu na viagem de volta do Brasil para as Índias), Sancho de Tovar, que estava na caravela São Pedro, Pero de Ataíde, apelidado de "Inferno", na São Pedro, ou Nuno Leitão da Cunha, na Anunciada. Profundos conhecedores da mais moderna tecnologia da navegação, não foi por acaso que mereceram esses versos de Fernando Pessoa: "E ao imenso possível Oceano/Ensinam essas quinas que aí vês/Que o Mar com fim será grego ou romano/ o Mar sem fim é português!".

1997

Caminho de Santiago

No Caminho de Santiago

A partir de hoje, ausento-me desta coluna por duas semanas. Durante esse período, estarei trilhando o Caminho de Santiago. A partir do século X até este fim de milênio, tem sido o lugar por excelência das peregrinações do mundo cristão. Havia, faz dez séculos, três roteiros ilustres: os de Roma, Jerusalém e Santiago de Compostela. Os que os cumpriam eram chamados de romeiros (os de Roma), palmeiros (os que voltavam com palmas, de Jerusalém) ou peregrinos, os de Santiago. A viajada se iniciava na torre de Saint Jacques (Tiago, em francês), em Paris. De bordão na mão e atravessando inóspitos territórios, os fiéis caminhavam dois mil quilômetros até o destino. Os sobreviventes que chegavam a Santiago eram abrigados no Hospital de los Reyes Catolicos, construído por Fernando e Isabel em 1499. Convertido hoje em *hostería*, ele fica ao lado da imponente catedral e continua recuperando os peregrinos, entre os quais, a partir de agora, humildemente me incluo.

El Ferrol

Fiz o Caminho de Santiago ao inverso. Em vez de partir de Paris, atingir Roncesvalles e depois seguir para Compostela, saímos de lá rumo à torre de Saint Jacques, em Paris. Na Espanha, a venerável rota tem dois itinerários: um pelo Centro-Sul e outro à beira-mar. É por ali que viajamos, o oceano rugindo à esquerda, rumo a La Coruña, onde fizemos o primeiro pernoite no parador nacional El Ferrol. El Ferrol fica do outro lado da baía, que o separa de La Coruña, e é porto pesqueiro e base naval. Durante a ditadura franquista, teve seu nome mudado para El Ferrol del Caudillo, pelo fato de ali ter nascido Francisco Franco, "*Caudillo de España por la Gracia de Dios*". Antes visitamos La Coruña, duzentos mil habitantes. Foi de La Coruña que, em 1588, zarpou a invencível armada de Felipe II, que, como se sabe, deu com os costados na água, arrastando a Espanha para uma decadência que iria se arrastar por mais de quatro séculos.

Rias gallegas

Tendo ao timão meu genro (designado paramédico *ad hoc*) e minha mulher e minha filha como solícitas enfermeiras, este velho repórter cansado de guerra vai peregrinando pela beira-mar da Galícia. Seguimos rumo noroeste, cruzando povoados com nomes incríveis: Esclavitud, Toxosoutos, Tal de Abaixo, Portugalete, Virxe do Camino, Igrexa... O idioma galego, tendo certas falas mais parecidas com o gauchês do que com o português de Portugal, eliminou o *J* e o *G*, trocando-os pelo *X* . Daí Igrexa, Virxe etc. À nossa esquerda, o mar. Então, as duas maiores *rias gallegas*: a de Aroussa e a Ria de Mutos e Goia. *Ria* não é feminino de rio, mas tem significado próprio: trata-se de imenso braço de mar a penetrar a terra quilômetros adentro através de zona baixa e pantanosa. Quando a maré recua, deixa o lodaçal cravejado de moluscos e crustáceos. As *rias*, durante milênios, têm servido de alimento, sustento e vida para boa parte da população da Galícia.

Frutos do mar

A Galícia possui uma das mais importantes frotas e portos pesqueiros dos mais importantes do mundo. Visitei-os em ocasiões distintas, de La Coruna até Vigo. De Vigo, aliás, foi a maior quantidade de barcos que vi pescando na zona de exclusão das Falklands (Malvinas, para os argentinos) quando ali estive a convite da Inglaterra. Cada vez que abarrotavam os frigoríficos, a carga era recolhida por uma nave-mãe que viajava para a Espanha. Estive a bordo de um deles – o Beatriz Norez – em companhia do capitão John Jackson, comandante da Marinha britânica de Port Stanley, e impressionou-me a fibra da tripulação, pescando há quase um ano, longe da família. Mas agora, aqui, em Santiago de Compostela, a terra é firme, e os frutos do mar de toda parte são servidos à vontade. Chama a atenção não serem congelados, mas conservados em gelo escamado. Mais impressionante ainda é consumi-los nessas condições em qualquer parte da Espanha.

Galegos, catalães e bascos

Apesar de a globalização e o terceiro milênio estarem logo ali, na esquina do tempo, há três regiões da Espanha que fazem questão de, em vez do inglês, cultivarem seus idiomas e se tornarem independentes. São a industriosa Catalunha, onde se fala uma mistura de latim, provençal e francês; o furibundo País Basco, onde grunhem algo absolutamente incompreensível que afirmam ser o mesmo com que se comunicavam Adão e Eva no Paraíso Terrestre, e a verde Galícia, onde se pratica um português arrevesado. Em todos, a língua local é ensinada para as crianças antes do espanhol. Todos desprezam o castelhano, e os cartazes indicativos das estradas são pichados, por nele serem escritos. Na Galícia, uma sociedade forte – a "Irmandade da Fala" – propugna pela independência do idioma e da região, e o galego, que é descendente dos celtas, acha que a sua verdejante terra não tem nada a ver com a *madre España.*

O fim da terra

Faz frio e um vento uivante fustiga o carro. Evitamos olhar para a esquerda: lá embaixo, no abismo, o mar espumeja. Saindo de Santiago de Compostela, e por amplas e modernas estradas que a Espanha construiu a partir de 1987, andamos pouco mais de uma hora. Finisterra é o nosso objetivo. Por que esse nome? E por que esse lugarejo perdido ao Noroeste da Espanha (e da Europa) figura em todos os mapas e cartas de navegação? *Finis terrae,* no latim, Fim da terra. Quando, finalmente, descendo do automóvel, e depois de termos deixado para trás uma aldeiazinha de centena de habitantes, subimos até ao alto do penhasco que domina o oceano, descobrimos a resposta: nada no mundo que conheço é mais desolado do que o cabo Finisterra, testemunha eterna e solitária do encontro do Cantábrico com o Atlântico e da finitude da terra ante a imensidão do mar.

As pulperias

Tive a honra de colaborar com os estudiosos do vocabulário gauchesco, com a descoberta da origem de uma palavra buscada há muito pelos pesquisadores, a começar pelo mestre Antônio Augusto Fagundes. A todos intrigava o termo, comum em nossa fronteira e no interior do Uruguai e da Argentina, designando venda, boteco e assemelhados: pulperia. De onde teria saído? Ora, ao viajar por estradas secundárias da Galícia e deter-me em povoados à beira-mar, visualizei o mesmo indicativo em placas na fachada de certos bares. Elementar, meu caro Watson: como era abundante na região o polvo (*pulpo*, em espanhol), informava-se onde era servido: em *pulperias* comandadas por *pulperos*. Emigrando para cá, os galegos abriram boliches e os batizaram com o nome de sua terra: *pulperias*, embora o que menos vendessern fosse polvo, mas cachaça, rapadura, lingüiça e outros frutos da terra, para cujo progresso tanto ajudaram a contribuir.

Santiago, *siesta* e Catedral

O hospital que Fernando e Isabel construíram em 1499 para acolher os peregrinos que chegavam a Santiago de Compostela, caindo aos pedaços, é hoje um dos mais belos *paradores nacionales* da Espanha. Controlados pelo governo, eles – cerca de uma centena – se espalham pelo país em prédios históricos, geralmente castelos e hospitais, restaurados com esmerado gosto. Fiz todo o meu roteiro espanhol hospedando-me neles, cujos preços são bem inferiores aos dos hotéis convencionais. O Hostal de los Reyes Católicos é o numero um. Pagando diária inferior à praticada por nossos hotéis na serra ou no litoral, ficamos em um quarto enorme e medieval, com pé-direito de cinco metros, cama com dossel e paredes de um metro de espessura. É dali que saímos para o almoço, que, na Espanha, civilizadamente funciona das 14 horas às 16 horas. Depois, o único a fazer é ir à Catedral, já que toda a cidade dorme a sagrada *siesta*. Mas, a Catedral, como não é de ferro, só vai abrir as portas depois das 17 horas.

Homenageando o santo

O estilo da catedral de Santiago – o românico – representa a transição entre o romano e o gótico, datando do século XI. O americano James Michner dedica onze páginas de seu livro *Ibéria* descrevendo o vetusto templo. Eu me limito a dizer que a catedral, com o misticismo que emana das obras de arte e de sua atmosfera tão própria, me tocou forte. Dito o que, e como a noite chegou, é hora de atravessar a praça e entrar em uma ruela: a calle Franco. Ali, uma ao lado da outra, apinham-se dezenas de tascas. Tascas são os bares típicos da Espanha, invadidos antes das refeições por nuvens de gente (que mais parecem de gafanhotos), devorando o que vêem pela frente. Em Santiago, em homenagem ao santo, o acepipe é a coquille de St. Jacques. Devoro-as com devoção, regadas com o vinho "Do Ribeiro", servido em tigelas. E, a cada dose, repito o heróico grito de guerra com que meus antepassados expulsaram os mouros e conquistaram a América: "*Santiago y a ellos*!".

O milagre de Santiago

Excetuando o aspecto fé (que, como se sabe, remove montanhas), não conheço maior *case* de marketing na história do que o de Santiago de Compostela. Vou tratá-lo com frieza honesta, crendice à parte. No ano 711, cruzando Gibraltar, os árabes invadiram a Espanha. De vitória em vitória, dominaram o país, com exceção de pequena parte da Galícia. Levavam, à frente das tropas, como imbatível amuleto, o braço mumificado do Profeta (só Ele é o vencedor!). Desesperados, os cristãos se submetiam. Foi quando um pastor chamado Pelayo (seguramente orientado por marqueteiros da Igreja) afirmou ter visto estrelas se precipitarem sobre um campus. Estrela, em latim, *stella*. Campo: *campus*. Fundindo: *campus stellae*, de onde Compostela. Escavando o local, descobriram o corpo de Tiago, discípulo de Jesus. Milagre! – proclamaram. Maior milagre quando Tiago ressuscitou e, montando em um cavalo branco, passou a comandar as tropas cristãs, iniciando a reconquista e dando pau nos mouros, com braço de Maomé e tudo.

Santiago y a ellos!

Com a descoberta do túmulo de São Tiago (cujo nome foi simplificado para Santiago) e sua ressurreição, levando-o a assumir o comando das tropas cristãs contra os mouros, os espanhóis encontraram seu herói, logo convertido em padroeiro da Espanha. No começo de todas as batalhas, um grito uníssono dos guerreiros invocava-o: "*Santiago y a ellos!* ". Foi com esse brado a incentivá-los que foram derrotando os inimigos e libertando a Espanha. O padroeiro, porém, precisava ser homenageado. E, no local de sua sepultura, foi erguida uma catedral gigantesca, no estilo românico. E, também em sua honra, a cidade que em sua volta começou a surgir passou a chamar-se Santiago de Compostela. Emocionados com os milagres de Santiago, peregrinos de toda a Europa passaram a se dirigir em romaria para lá, o que continua acontecendo até hoje.

Xixon e Xixona

Caminho de Santiago, sentido inverso. Terceira etapa: Gijon, por estradas à beira-mar. Temos reserva ali em mais um "Parador Nacional", o Del Molino Viejo. São perto de quatrocentos quilômetros por um lindo roteiro e rodovias de primeira, através de montanhas, onde o verdor da Galícia vai desaparecendo sem que a paisagem assuma a aridez característica das terras de Espanha. Chegamos ao cair da tarde. Ali os habitantes falam o dialeto *buble,* que, como galego, troca o *J* e o *G* pelo *X*: a cidade, portanto, de Gijon passa a Xixon, criando problemas com Xixona, nas montanhas de Valência, terra de meus parentes. "'Onde fica o Molino Viejo?", perguntamos. "Simples", respondem. "Ao lado del Molinon." Só depois de muita pesquisa é que descobrimos que o Molinon (Moinhão) é o estádio de futebol, que tomou o nome como superlativo do hotel.

Altamira, 13000 a. C.

Espanha, Altamira, ano 13 mil antes de Cristo. O frio é tremendo, com os glaciares avançando pela quarta vez. Na caverna escavada por um rio que secou, a tribo tem fome, e a caça começa a faltar. Para chamá-la, um homem com talento artístico que honraria Picasso deita-se e começa a trabalhar a rocha do teto. Primeiro o esboço do bisão, da corça, do javali, com carvão da fogueira. Depois os olhos e os matizes da pele, com sangue e mistura de graxa com óxidos da terra. As saliências são aproveitadas para realçar o contorno dos animais, que ele ali aprisiona em louco tropel. Graças a esse feitiço, eles logo deverão aparecer nas pradarias da Cantábria pré-histórica. Durante quinze mil anos, ali quedam aprisionados. Até um dia de 1879, quando Maria, doze anos, filha de Marcelino Sautuola, dono das terras, entra com ele na caverna, olha para o alto e exclama: "*Papá, mira los toros!*". Naquele momento, e cruzando cento e cinqüenta séculos, os bichos das Cuevas de Altamira desencantam-se e começam a viver outra vez.

As pinturas rupestres

A descoberta das pinturas rupestres de Altamira revolucionou tudo o que se sabia e se conhecia em matéria de arte no século passado. A primeira reação da ciência oficial foi a de incredulidade. O fidalgo Marcelino Sautuola, dono das terras onde se localizavam as *cuevas* e seu descobridor, foi tachado de impostor. Como poderiam os homens pré-históricos produzir obras de tamanha sensibilidade e perfeição? Essa descrença perdurou durante oito anos, a partir do achado até 1887. Foi quando Jean Carthailac, presidente da Sociedade de Pré-História da França, que havia acusado Sautuola de falsário, retratou-se publicamente em um documento intitulado "Altamira, mea-culpa de um cético", no qual reconhecia a autenticidade das pinturas. Mais tarde, cavernas com afrescos semelhantes seriam descobertas em Lascaux, na França, e no Norte da África. Nenhuma, porém, como a de Altamira, a Capela Sixtina da pré-história.

Mistérios da história

A interdição de entrada de turistas às *cuevas* de Altamira foi motivada pelo perigo de desintegração de suas pinturas. Com o correr dos anos, a simples respiração dos visitantes começou a afetá-las. Felizmente a ciência veio em socorro, identificando os fungos que as atacavam. A proibição de visitas foi determinada também em Lascaux, na França. Ali, uma réplica em tamanho natural – batizada de Lascaux II – foi construída na superfície, onde, pagando entrada e com um pouco de boa vontade, os turistas têm a impressão de visitar a verdadeira caverna. A descoberta dessas figuras rupestres (de *rupe*, em latim, rocha) leva a intrigantes indagações. Por que o *homo sapiens*, há mais de cem séculos antes do primeiro registro da História, pintava em suas cavernas-habitações os animais que conhecia? E, aproximando-nos mais no tempo, que impulso levou civilizações completamente isoladas a construir pirâmides, tanto no México como no Egito?

A terra de El Cid

Encontro a Espanha de paisagem árida e característica ao deixarmos as Cuevas de Altamira, na Cantábria, para percorrer os cento e sessenta quilômetros de excelente estrada que leva a Burgos. Meia hora depois, sobre uma colina, um cartaz sugestivo: *Bienvenido a Burgos, cabeza de Castilla y tierra de El Cid*. A partir daquele momento, quase tudo passa a girar em torno da figura legendária do maior herói de todas as Espanhas: Rodrigo Diaz de Vivar, o Cid el Campeador. Rodrigo nasceu nas imediações de Burgos, na aldeia de Vivar, em 1043, e morreu em 1099. Em Vivar, hoje com apenas cento e cinqüenta habitantes, todos falam nele como se o conhecessem pessoalmente. Imortalizado na *Canción de El Cid* e, nos anos 1960, pelo cinema, em uma interpretação maravilhosa de Charlton Heston, transcorridos nove séculos, Rodrigo, montado em sua égua Babieca, dá a impressão ao visitante de continuar a galopar ainda hoje pelas colinas de Castela.

O que em boa hora nasceu

Dom Antônio Cheuiche, que ali estudou por três anos, costuma dizer que em Burgos só há duas estações: a do trem e a do inverno. De fato, faz muito frio quando chegamos. É nosso objetivo visitar a sua famosa catedral, que, entre outras relíquias, abriga o túmulo de Rodrigo Diaz de Vivar, o Cid Campeador. Monumento gótico, com a construção iniciada pelo rei Fernando el Santo em 1221, tardou quatrocentos anos a ser concluído. Em suas naves, há, no entanto, manifestação do barroco, do renascentista e do neoclássico. Tem dezenove capelas e trinta e oito altares. A mais bela das naves fica ao centro e chama-se Cruzeiro. É encimada por uma cúpula com uma estrela de oito pontas, no mais puro estilo mouro. Ao solo, sob uma simples lápide de granito marrom, jazem El Cid e sua mulher, *doña* Jimena. A inscrição em latim é emocionante: "Rodricus Divaci Campidotor: a todos alcança a honra daquele que em boa hora nasceu".

O rei e o leproso

E no começo de uma noite de inverno, ajoelho-me diante do túmulo de Rodrigo Diaz de Vivar e oro por sua alma. Nascido no auge da expansão moura, desde jovem tornou-se o líder da Reconquista. Havia suspeitas de que o futuro rei de Castela, Afonso VI, houvesse participado do assassinato de seu irmão Sancho, e Rodrigo, na igreja de Santa Gadea, obrigou-o a jurar inocência. Subindo ao trono, Afonso vingou-se, mandando-o para o exílio. Reza o cancioneiro que, ao afastar-se, *amargamente lloraba / el nobre Cid con dolor / pues lo echában de Castilla / y era Castilla su amor.* Foi quando dele se aproximou um leproso implorando por água. Sem hesitar, El Cid passou-lhe o cantil. O infeliz falou: "Gracias, meu Cid". Rodrigo intrigou-se: "Como sabes que sou El Cid?". Respondeu-lhe o homem: "Porque na Espanha só há um homem capaz de humilhar um rei e dar de beber de seu cantil a um leproso". Naquele começo de noite de inverno de Burgos, ajoelhado diante do túmulo de El Cid, sinto orgulho de meu sangue espanhol.

Rumo a Santo Domingo

Deixando Burgos, rumamos para Santo Domingo de La Calzada por estradas secundárias. Ao longo do itinerário, placas em azul com letreiros em ouro, encimados por círculos de estrelas: Caminho de Santiago. Peregrinos propriamente ditos não vemos mais do que uma dezena. Creio que devido ao frio. O auge da caminhada é nos meses de primavera-verão. Houve anos, como em 1965, que seu número chegou a quinhentos mil, oriundos do mundo inteiro. Na Espanha, o roteiro começa em Roncesvalles, na fronteira com a França, distante oitocentos quilômetros do destino. A intervalos regulares, há casas que albergam os viajores sem nada cobrar. Chegando a Santo Domingo, nos hospedamos em um dos mais famosos "Paradores Nacionales": o antigo hospital do medievo para os viandantes. Mas o que impressiona na cidadezinha (trinta e quatro mil habitantes) é sua catedral, famosa em toda a católica Espanha por seu altar-gaiola, onde são mantidos – vivos – um galo e uma galinha brancos.

Santo Domingo

Santo Domingo de la Calzada, caminho de Santiago, é um dos locais mais sagrados. Domingo foi, de fato, um homem santo. Nascido em Rioja, terra dos famosos vinhos espanhóis, no ano 1019, morreu com noventa anos, idade avançadíssima para a época, cuja expectativa de vida era a de quarenta a cinqüenta anos. Moço, tentou entrar em um mosteiro. Foi recusado: acharam-no bronco como São Cristóvão. Transferiu, então, a sua religiosidade para os peregrinos, que, aos milhares, faziam o Caminho de Santiago. Pontes eram raras, e ele as construiu. Estradas, intransitáveis, e ele as calçou. Daí o apelido que incorporou ao nome: "de la Calzada". Já velhinho, mereceu o reconhecimento do rei Afonso VI, que, juntamente com ele, inaugurou, em 1106, a catedral da cidade que hoje se orgulha de seu nome. Três anos mais tarde, morreu Domingo, feliz e santo.

MILAGRE DE SANTIAGO

Texto de folheto oficial da Catedral de Santo Domingo de la Calzada, vendido aos visitantes: "Dentre os peregrinos para Compostela, chegou aqui um casal alemão chamado Hugonel. Com os pais, viajava o filho, jovem e belo. A camareira de sua hospedaria quis seduzi-lo e não foi retribuída. Vingou-se, escondendo uma taça de prata na mala do rapaz. Quando os peregrinos partiram, ela os denunciou ao corregedor. As leis da época (Foro de Afonso X, o Sábio) puniam com a pena de morte o delito de furto. O rapaz foi preso, julgado e enforcado. Ao retomarem os pais o caminho de Santiago, foram ver o filho morto. Surpresa! Ele estava vivo e anunciou-lhes que havia sido salvo graças a um milagre de Santiago. O casal correu à casa do corregedor, que estava sentado à mesa, preparando-se para trinchar um galo e uma galinha assados e lhe relatou o prodígio".

A GAIOLA NA CATEDRAL

Texto oficial da Catedral de Santo Domingo de la Calzada relata que, três séculos depois da morte do santo, um jovem inocente foi enforcado na cidade. Tendo invocado Santiago, permaneceu vivo na forca. Seus pais, que vinham em peregrinação da diocese de Munster, na Alemanha, relataram o milagre ao corregedor, que se encontrava à mesa e que sentenciou: "O filho de vocês está tão vivo como esse galo e essa galinha que vou comer". Imediatamente, os galináceos voaram do prato e começaram a cacarejar. O inocente foi retirado da forca, e, a partir de então, um verso ficou famoso na Espanha: "*Santo Domingo de la Calzada/Donde cantó la gallina después de asada*". Para perpetuar o prodígio, foi construído em uma das naves da Catedral de Santo Domingo um esplêndido galinheiro, no qual, há seis séculos, se revezam um galo e uma galinha brancos e vivos.

No reino de Navarra

É com certo pesar que deixamos Santo Domingo de la Calzada: nossa viagem pelo caminho de Santiago se aproxima do fim. Na progressão em que andamos (base de duzentos a trezentos quilômetros por dia), já na próxima etapa estaremos em Roncesvalles, começo (e para nós término) da peregrinação. Desde que saímos de Compostela, foram três dias de estrada até o Parador Nacional de Santo Domingo, o último no qual tínhamos reserva. Agora é aventurar, palmilhando estradas secundárias rumo à fronteira com a França, através do antigo reino de Navarra. Ali, na região de Logroño, produz-se uma das glórias da Espanha: o vinho de Rioja, em um distrito que margeia o rio Ebro. Dele, o mais famoso é o Marques de Riscal, elaborado na aldeia de El Ciego. Estive ali em 1987, interessado em comprar um vinhedo para, nos vagares da velhice, dedicar-me à nobre e bíblica arte de Noé. Diante do preço, saí correndo: o hectare, na região, é avaliado entre um milhão e dez milhões de dólares...

Os vinhedos

Enquadrando a paisagem em volta da estrada, parreirais sobem e descem as colinas. Saio do carro para examinar as cepas das videiras. O tronco é grosso, com mais de uma polegada de diâmetro, e a altura não ultrapassa quarenta centímetros, no máximo cinqüenta centímetros. Na época da frutificação, os agricultores formam vários cachos, deixando no máximo meia dúzia, o que assegura a concentração de açúcar na uva e a qualidade do produto. Certa ocasião, nos parreirais do Chateau Margaux, a mais famosa vinícola de Bordeaux, assisti a esse trabalho ser feito por engenheiros agrônomos vestindo avental e usando luvas. Acrescente-se a qualidade das cepas, a pouca chuva e as características do terreno, e o resultado é algo sem rival. Os vinhos de Rioja, por exemplo, com seu *bouquet* característico, são a alma e o *salero* da Espanha engarrafados.

Europa sem fronteira

Os cavalos alados não habitam mais palácios encantados nos Pirineus, mas sua vegetação, em muitos pontos, continua quase impenetrável. Ao sairmos de Roncesvalles, que fica a apenas meia dúzia de quilômetros da França, não encontramos placas indicativas. Sabemos, tão-somente, que o primeiro povoado francês se chama Valcarrios, e, quando menos esperamos, damos lá. O aspecto físico da aldeia é idêntico ao da Espanha. A única diferença é que placas e cartazes estão escritos em francês. Curioso é que não vimos nenhum sinal de fronteira, muito menos de guarda aduaneira. Aqui a prática se antecipou ao Mercado Comum, e a Europa é uma coisa só. Por estradas secundárias, mais bem-cuidadas do que as melhores do Brasil, vamos subindo para o mar. Nosso objetivo agora é Biarritz, onde apanharemos um outro automóvel, seguindo depois para San Sebastian, na Espanha, a cinqüenta quilômetros, onde devolveremos o carro espanhol, cuja missão se aproxima do fim.

O católico espanhol

Quando perguntam sobre a minha religião, respondo sem hesitar – sou católico espanhol. É que não há crença mais apaixonada e pirotécnica, fanática e tolerante, sofrida e alegre do que a ibérica. E exótica: a existência de dois galináceos vivos dentro de uma gaiola-altar na catedral de Santo Domingo de La Calzada, que foi aprovada por concílio de 380 bispos no século XIII, é apenas um de seus detalhes. A presença, em um dos pórticos da catedral de Burgos, da figura de um palhaço que "fala" com os fiéis não é menos incrível. Isso sem referir a Semana Santa de Sevilha, quando não raro os devotos de uma virgem (a Macarena) largam seu andor e partem a pau para cima dos crentes da virgem rival, a Trianera, em uma guerra mais violenta do que a de duas torcidas inimigas de futebol. Maurício Rosemblatt escreveu-me, certa feita, uma frase marcante: "É difícil ser judeu". Pois eu colho o mote e asseguro: é emocionante ser católico espanhol.

Caráter espanhol

Uma coisa percebo imutável na Espanha: o caráter. Will Durant o descreve magistralmente: "Como os espanhóis misturaram o anti-semitismo com sua ascendência semita, conservaram o calor da África no sangue e tenderam, como os berberes, para a raridade e a violência da ação e da palavra. Eram astutos, de espírito curioso e, no entanto, ardentemente crédulos e medrosamente supersticiosos. Conservaram uma altiva independência de espírito e dignidade de atitude, mesmo na desgraça e na pobreza. Eram ambiciosos e tinham de o ser, mas não olhavam para os pobres nem lambiam as botas dos ricos. Tinham sede de aventura e de romance. Gostavam do perigo, mesmo que fosse por procuração. A tourada, relíquia de Creta, já era esporte nacional que ensinava a bravura e uma inteligência hábil. Mas os espanhóis encaravam os prazeres com tristeza e a aridez do solo e as sombras das encostas das montanhas se refletiam em uma seca tristeza de postura".

Chateau Margaux

No tempo em que o competente José Alberici Filho, como presidente da Vinícola Aurora, conseguiu projetar os vinhos gaúchos no mundo, verifiquei seu prestígio ao visitar a adega do famoso Chateau Margaux. Recebido com extrema categoria por *monsieur* Paul Pontalier, seu diretor e enólogo de projeção internacional, fui acolhido no pequeno-grande castelo de Margaux, tendo antes percorrido o parreiral. Ali, como em Rioja, na Espanha, não havia latadas, e as cepas não tinham mais de cinqüenta centímetros de altura. Os cachos eram desbastados, restando apenas meia dúzia, para maior concentração de açúcar. Na sala de degustação, juntamonos aos dirigentes da empresa. Serviram-nos um vinho de vinte anos, e nosso anfitrião, tendo em um terço de seu cálice aquele "sangue da terra", fazia-o girar a alta velocidade, sem derramar uma só gota. É essa paisagem e são essas lembranças que me acodem agora, quando passo por Bordeaux, rumo a uma das regiões mais bonitas da França: o Perrigord.

Vinhos e vinhedos

Deixando Bordeaux à esquerda, rumamos a Paris. Diferente da paisagem espanhola, emoldurada por olivais, cercam-nos os vinhedos da mais famosa zona produtora da França. Trinta e um quilômetros adiante, uma aldeia de dois mil e novecentos habitantes: é Saint Emillon, que dá seu nome a um dos mais reputados tintos do mundo. Não há lugar em seus pequenos hotéis e tocamos para a frente, entrando na Dordonha. O objetivo é Bergerac, terra do narigudo Cyrano, que Edmund Rostand imortalizou com seus versos. Os vinhedos agora são menos visíveis. Aliás, em toda a longa caminhada, não vimos um único parreiral protegido por cercas, estendendo-se a maioria até a margem da estrada. Ainda a propósito de vinhos, um lembrete: os de melhor qualidade têm impresso no rótulo "Mis en bouteille au Domaine" (engarrafado na propriedade). Os demais, que invadem o mercado brasileiro, não são de primeira linha.

Valençay

Antes de atingirmos Paris, paramos em Valençay. É uma miniatura de cidade, com dois mil e novecentos habitantes, que vive em função de seu castelo. Ele data do Medievo e, durante o império de Napoleão I, foi restaurado por um de seus homens fortes: o príncipe Charles-Marie Talleyrand. É um dos mais imponentes da França, perdendo em grandiosidade apenas para Versalhes e Chambord. Talleyrand o embelezou com o objetivo de receber e recepcionar a diplomacia européia, ofuscando-a com imponência e bom gosto. Exemplo de sabedoria diplomática, ele, que tinha sido arcebispo antes de tornar-se príncipe, escapou incólume à Revolução Francesa e, equilibrista exímio, manteve-se no poder desde Robespierre até Luís XVIII, após a queda de Napoleão. Sua força reflete-se ainda agora nos torreões do castelo, que avistamos do Hotel D'Espagne, diante de cuja lareira crepitante nos servem uma especialidade da terra: trufas recolhidas no subsolo, graças ao faro de porcos amestrados.

A "GAYAGE"

A região de Perrigord (capital: Perrigueux), no caminho de Bordeaux a Paris, é famosa por um produto indispensável nas ceias de Natal na França: o *foie gras* de ganso. A ave é ali criada intensivamente e abatida quando está para morrer de cirrose. A cirrose não acontece naturalmente e é provocada por um método cruel, contra o qual se rebelam as sociedades protetoras de animais comandadas por Brigitte Bardot. É assim: os criadores confinam os gansos em pequenas gaiolas ou pregam-lhes as patas sobre tábuas, imobilizando-os. Enfiam-lhes então, goela abaixo, e várias vezes por dia, um funil, através do qual empurram-lhes ração até não mais poder. O suplício faz com que os animais gritem à aproximação do algoz. Chama-se *gavage* e se prolonga até a superalimentação provocar a cirrose. O resultado é o *foie gras* (fígado gordo), considerado o mais fino e gostoso acepipe da culinária francesa.

OS CASTELOS

O Egito tem o seu Vale dos Reis: ele serviu outrora de cemitério de tumbas escondidas e subterrâneas de seus faraós. Já o Vale dos Reis da França é um dos locais mais vivos e luxuriantes da Europa. Margeia o rio Loire, o mais extenso do país, e, entre as cidades de Orleans e Tours, ancoram nas imediações de suas margens mais de trinta monumentais castelos. Aliás, os reis da dinastia dos Capeto ali se fixaram, junto a Orleans, somente depois se transferindo para Paris. De seus tantos castelos, visitei dois: o Chambord e o de Chemenceau. Chambord, por sua imponência, inspirou Versalhes, e Chemenceau, construído sobre seis arcos em meio d'água, é uma das maravilhas da Renascença. Em função de ambos, aldeias, constituídas quase que mais de hotéis do que de residências, abrigam os turistas por preços mais baratos do que os da serra do Rio Grande do Sul.

O PARADOXO FRANCÊS

Já quase ao final da viagem, paramos em uma hospedaria de Bergerac, famosa pela cozinha. Chama-se La Flambée e fica em meio a um parque de árvores despidas de folhas pelo inverno. No caminho, uma sucessão de "Fermes" – pequenas granjas – substituindo a paisagem de vinhedos. À frente de cada uma, cartazes convidando para a degustação de *foie gras* e vinho. Nessa região da França, o consumo de um bom tinto, junto com o da gordura da carne de fígado de ganso, é o mais alto do país. Coincidente e estranhamente, é o lugar do mundo onde ocorre a menor incidência de problemas cardiovasculares. Esse fenômeno, cientificamente comprovado, gerou uma expressão em medicina: o "paradoxo francês". Entrementes, enquanto a ciência não consegue explicar suas causas, nada como um copo do generoso vinho de Bergerac e de uma pratada de escalope de *foie gras*, diante da lareira do La Flambée a crepitar.

1999

Na Itália com *nipote*

Em Roma, com *nipote*

Roma, abril de 1949. Procedente de Nápoles, desço de um vagão de terceira classe na Estação Termini. Tenho vinte anos e uma mala vazia de experiências. Roma, janeiro de 1999. Desembarco da primeira classe de um MD-11 da Varig no aeroporto de Fiumiccino. A mala transborda, mas a emoção é a mesma de há cinqüenta anos ao rever a cidade eterna. É uma tarde fria de inverno e, além da mala, acompanham-me mulher e neto. Dois dias antes, telefonei para o padre Sérgio Leonardelli, pároco de Torres e meu santo confessor, para saber dele, que é fluente em italiano, como é que se dizia neto no idioma. "*Nipote*", respondeu-me. Cometi o pecado da dúvida: "Não é *nepote*, padre?". "Não. *Nepote* é sobrinho." Foi quando lembrei que os prelados de outrora, inclusive alguns papas, nomeavam seus "sobrinhos" (na maioria filhos carnais) para altos cargos. Nepote, nepotismo... Bem, fofocas históricas à parte, eis-me chegando a Roma de *nipote* e mulher em punho, rumo a nova aventura.

Roma 1999

Não abrem as malas no aeroporto Leonardo da Vinci (apelido: Fiumiccino; tradução: riozinho), onde troco duzentos dólares por 1.628,02 liras. Quando estive em Roma pela primeira vez, um dólar valia 620. Como se passaram cinqüenta anos, até que a lira não se desvalorizou tanto. Continua, porém, cheia de zeros. É que a Itália foi o único país da Europa ocidental que não cortou os zeros em excesso de sua moeda. Com a ilusão brasileira da mentira governamental do dólar valendo um real, acho tudo barato. Um táxi até o Vaticano custa dez reais, e um jantar para três em bom restaurante não sai por mais de sessenta reais, incluindo presunto de Parma, carne ou peixe, uma garrafa de vinho e sobremesa. No caminho para o Vaticano, a cidade em obras: há setecentas, preparando Roma para o ano 2000. E na Catedral de San Pietro, com a fachada coberta para reparos, uma multidão de japoneses sugere-me estar em um templo budista, e não na maior igreja católica do mundo.

Piazza Esedra

Hospedamo-nos no Hotel Quirinale, um dos mais tradicionais de Roma. Fica ao alto da via Nazzionale, quase junto à Piazza Esedra. A Piazza Esedra é, para meu gosto, uma das mais belas de Roma. Ocupando um grande largo, escoltada por belo edifício de colunatas, tem ao centro a fonte das Naiades. São quatro ninfas nuas, cada qual em posição de amor com um animal: um cavalo-marinho, representando o mar; uma cobra, os rios; um cisne, os lagos; e um lagarto, simbolizando as águas subterrâneas. Ao centro, Glauco, o deus do mar. No verão, orquestras embalam o jorrar das águas, mas mesmo no inverno a visão é encantadora. Junto com as fontes da Piazza Navona, onde a embaixada do Brasil comprou um palácio, no qual se instalou, e a Fontana di Trevi (famosa pelo filme *A fonte dos desejos*), Esedra abriga uma das mais encantadoras fontes de Roma, onde a cada passo se tropeça na história ou em um momento de inigualável beleza.

História antiga

Já que vamos ficar uns quantos dias em Roma, permito-me algumas lembranças. Depois de ter ali estado em 1949, numa caravana de estudantes de Direito, voltei ano seguinte rumo a Paris, onde iria estudar. Viajaram comigo dois queridos amigos: Darcy Alberto Seger e o argentino Gaston Noguera, que mais tarde se mudaria para Porto Alegre, onde foi sócio de meu irmão Celso na Arcon. Seger e eu fizemos amizade com ele a bordo do Santa Cruz, barco italiano que, em dezessete dias, nos levou de Santos a Gênova, onde ficou ancorado por setenta e duas horas. Permanecemos a bordo e comendo de graça, já que nosso destino final era Nápoles. Com alguma grana no bolso, levei um padrão um pouco melhor do que na viagem anterior, quando nos amontoávamos em oito numa cabine. Acomodações piores iríamos ter uma semana mais tarde, quando chegamos a uma Roma botando gente pelo ladrão devido ao Ano Santo.

Ano Santo

Mesmo lambendo ainda as feridas da guerra, que havia terminado em 1945, Roma deu uma demonstração de força no Ano Santo de 1950. Graças ao Plano Marshall, mas principalmente à garra de seu povo, a Itália era Fênix bela e próspera. Mais próspera, graças ao dinheiro que começava a entrar trazido pelos turistas. Não havia acomodações, e, a custo, conseguimos uma pensão – a Penzione Moderna, na via Firenze. Ali, junto com meus dois companheiros, fazíamos as refeições e, os quartos superlotados, dormíamos na sala de refeições, debaixo das mesas. Cedo da manhã, antes de servirem o café, éramos enxotados para a rua, onde perambulávamos o dia inteiro. Nosso objetivo, porém, não era turismo, mas assegurar uma cadeira no céu, garantida aos que comungassem nas quatro basílicas da cidade: São Pedro, São Paulo *extramuri*, São João de Latrão e Santa Maria Maior.

A invasão de Roma

Em começos de janeiro de 1999, é refeito em parte o Eixo Roma-Berlim-Tóquio, de Mussolini, Hitler e Hiroito, para transformar-se no de Roma-Tóquio. Eu já tinha testemunhado, em outras ocasiões, a epidemia de japoneses a se espraiar pelo mundo. Nunca os vi em tamanha quantidade como neste começo de inverno romano. São milhares e milhares, inundando ruas, praças, igrejas e comércio. Andam sempre em bandos e todos portam sacolas de compras. Ao alto da Piazza di Spagna, posto-me a olhar a via Condotti, a rua do comércio chique. À porta das lojas mais caras, longas filas de nipônicos aguardam a vez de entrar, e, depois de rápida escaramuça, saem carregando pacotes. E a crise do Japão e o patriotismo do povo instado a economizar divisas, onde estão? Outra invasão: a de negros americanos. Ao chegar ao Quirinale, vejo o chiquérrimo hotel invadido por uma centena deles, em barulhenta excursão de Los Angeles. São tantos que, pelas dúvidas, provoco o porteiro: "*Siamo a Roma o a Adis Abeba*?" – estamos em Roma ou em Adis Abeba?

Itália: remembranças

Janeiro, 1999. A cada momento, assaltam-me remembranças de minha primeira viagem a Roma, há exatos cinqüenta anos. Naquela ocasião, integrando uma expedição da Associação de Intercâmbio Cultural dos Acadêmicos de Direito, chocou-me a visão de uma Itália semidestruída, tentando desesperadamente sobreviver aos efeitos de uma guerra total. Pela primeira vez, ouvi o termo *senza lavoro* (sem trabalho) a afligir uma nação. O desemprego era enorme. Por toda a parte, cartazes pediam aos anglo-americanos, que arrasaram a península, oportunidade de sobreviver. Um deles marcou-me, por oportuno: *Rendete l'Africa al lavoro italiano* (Entreguem a África ao trabalho italiano). Se tal tivesse sido feito, não é difícil imaginar em que potências teriam se transformado a Tripolitania (Líbia) e a Abissínia, hoje sob o obscurantismo de tarados como Kadafi e Zenawi.

O caminho do paraíso

O Papa era Pio XII, e seu Ano Santo assinalava a entrada na segunda metade do século. Roma estava lotada por milhares de pessoas. Muitas apenas passeavam, mas a maioria viajara para buscar uma cadeira no céu, garantida pela Santa Madre Igreja para quem comungasse nas quatro basílicas da cidade eterna. Ora, ela, a cidade eterna, regurgitava de belas, apetitosas e acessíveis *ragazzas*. Como tínhamos vinte e poucos anos, o Darcy Seger e eu, mesmo equipados de escapulário, freqüentemente sucumbíamos a Satanás e às suas pompas. Porque se o diabo se infiltraaté pelas mais estreitas frestas das portas da igreja, imagine-se o que não fez com dois pobres moços com boa pinta e boa grana, como éramos nós. Tínhamos planejado permanecer em Roma apenas o suficiente para fazer as comunhões, mas foi um tal de confessa-peca-confessa-peca que ali ficamos por três semanas, até que, finalmente, tomamos a quarta comunhão, garantindo, assim, vida eterna no paraíso.

Tarpea

A boate *Rupe Tarpea* teve o nome inspirado em Tarpea, jovem romana de seus primeiros e lendários tempos. Roma havia sido recém-fundada, e Rômulo e companheiros, para assegurar a descendência, raptaram mulheres sabinas, com as quais passaram a viver. O seu centro nevrálgico era uma colina – o Campidoglio (em português, Capitólio), de difícil acesso. Decididos a se vingar, os sabinos partem para o contra-ataque. Para obter êxito, contaram com a cumplicidade de Tarpea, que lhes indicou o lugar por onde entrar na cidadela. Em troca, tinha exigido o pagamento em braceletes de ouro, como os inimigos usavam em seus braços esquerdos. Tomada a fortaleza, os sabinos esmagaram Tarpea com seus escudos. A batalha terminou, porém, com as pazes feitas entre os adversários graças às mulheres sabinas que os apartaram. A partir de então, a rocha mais alta do local começou a chamar-se *Rupe Tarpea*, dali sendo jogados para o abismo os criminosos e traidores.

Rupe Tarpea

Estou mostrando para o meu neto a Roma que visitei pela primeira vez faz meio século. Monumentos à parte, olha só esse casarão aqui no começo da elegante via Venetto. Lá embaixo, em moderna catacumba, funcionava a *Rupe Tarpea*, a mais famosa boate da época. Era freqüentada pela aristocracia e pela *intelligentsia* romanas e, modéstia à parte, por dois jovens gaúchos, o Darcy Alberto Seger e eu. Nós, como tenho confessado, buscávamos no Ano Santo a remissão de nossos pecados, amém, o que não impedia rápidas escapadelas pela vida noturna. A grande atração do local era a badalada "atriz exótica cubana", assim anunciada. Nome? Horacina Corrêa. As novas gerações não sabem, mas Horacina era mulata da gema de Porto Alegre. Aqui fez o maior dos sucessos, interpretando o clássico *Alto da Bronze*. Voou depois para o Rio e, dali, para Roma, onde abjurou o samba e, rebolando rumbas, passou a lotar as casas de espetáculo com a sua presença.

Horácios e Curiácios

Ao mostrar Roma para meu *nipote,* vou-lhe contando histórias que a forjaram dura, grande e impiedosa. Como a dos Horácios e Curiácios. Foi no tempo de Túlio Ostilio, seu terceiro rei, que entrou em guerra com Alba, a mãe-pátria. A fim de evitar derramamento de sangue, cada lado designou três campeões para combate singular. Os que vencessem decretariam a vitória de seu povo. Roma escolheu os irmãos Horácios, e Alba, os irmãos Curiácios. No primeiro embate, dois Horácios foram mortos, um escapou ileso, e os três Curiácios foram feridos. O jovem Horácio correu, os Curiácios partiram em seu encalço. Em vez de irem juntos, distanciaram-se um do outro – e, um a um, Horácio os matou. Exultante, voltou a Roma, onde foi recebido como herói por todos, menos por sua irmã Camila, que, em prantos, lamentava o fim de um dos Curiácios, seu noivo. Cego de raiva, Horácio a matou. Foi condenado, mas indultado por Túlio Ostilio, enquanto Alba se entregava ao jugo romano.

Lucrécia

Cercada de brumas, a história diz que Roma teve sete reis. O primeiro foi Rômulo, e o último, Tarquínio, o Soberbo, expulso em 510 antes de Cristo. O motivo foi provocado por um drama, dos tantos em que é rica a história romana. O patrício Lúcio Tarquínio Colatino era casado com bela e virtuosa dama: Lucrécia. Tão bela que despertou a cupidez de Sexto, filho do rei. Certa noite, estando Colatino ausente, estuprou-a. Manhã seguinte, Lucrécia chamou o pai e o marido, contou-lhes o acontecido e, com um punhal, atravessou o coração. Seu corpo ensangüentado foi levado ao Foro por Brutus, seu parente, que relatou o caso ao povo. Enfurecida, a multidão percorreu as ruas, exigindo a morte do tirano e de seu filho. O Senado e o povo romano – *Senatus Populusque Romanus* – revoltaram-se, e Tarquínio e o filho abandonaram a cidade, refugiando-se com os etruscos. Encerravam-se 243 anos de realeza, e Roma, a partir de então, se convertia em república.

Mucio Cévola

Expulso de Roma seu último rei, Tarquínio, o Soberbo, resolveu ele voltar ao poder, aliando-se a Laerte Porcena, rei de Clusimo, que marchou contra a cidade, cercando-a. Foi quando o jovem patrício Mucio Cévola entrou de noite no acampamento do inimigo para matá-lo. Conseguiu chegar à sua tenda, mas, em vez de Porcena, apunhalou seu escriba. Preso e conduzido ao rei, disse-lhe, com altivez, que seu objetivo era justamente liquidá-lo e que a juventude romana estava disposta a seguir-lhe o exemplo. Ameaçado de tortura, antecipou-se: estendeu, firme, a mão direita sobre um braseiro ardente e, suportando dores horríveis, ali a manteve até que o fogo a consumisse. Impressionado com o heroísmo, Porcena ordenou que o libertassem e decidiu levantar o cerco a Roma. Essa história aconteceu nos primeiros anos em que Roma se transformou em República, regime no qual permaneceu por quase quinhentos anos (de 510 a 30 a.C.), até Augusto assumir como imperador.

Foro Romano

Descemos agora para o Foro Romano. Descemos porque, durante os últimos vinte séculos, o solo de Roma cresceu. O mesmo fenômeno aconteceu com as ruínas da abadia de Cluny, em Paris, que se situam de dois a três metros abaixo do nível da cidade atual, em conseqüência do pó que foi se acumulando sobre o planeta durante dois mil anos. O Foro era o centro político, comercial, judiciário e religioso de Roma. Ali se concentravam os grandes templos, os arcos de triunfo, o Senado. No Senado, sobre cujas ruínas foi construído edifício chamado Cúria, Júlio César foi assassinado com vinte e três punhaladas nos idos de março de 44 a. C., caindo ensangüentado aos pés da estátua de Pompeu. "Ó queda aquela" – escreveria, séculos mais tarde, William Shakespeare. Foi ela que, ao contrário da liberdade desejada por Brutus e pelos conspiradores, ensejou um dos mais formidáveis regimes da História: o Império Romano.

Os triunfos

Na hoje via San Giorgio, que, passando pelo arco de Constantino, vai dar nas imediações do Coliseu, os romanos realizavam seus desfiles triunfais. Para merecer a honra, havia condições. Conta Will Durant que somente eram elegíveis aos "triunfos" os vencedores em campanha na qual cinco mil inimigos fossem mortos. Quem derramasse menos sangue tinha direito apenas a uma ovação, palavra derivada de *ovis,* em latim, ovelha. O desfile triunfal se formava fora dos muros de Roma, onde a tropa tinha que depor as armas. Trombeteiros abriam a marcha, seguindo-se torres representando as cidades conquistadas e, logo, carretas com ouro, prata e objetos de arte saqueados. Finalmente, os chefes vencidos acorrentados, o triunfador subia então ao Capitólio. Ali, no templo de Júpiter, depunha o produto da pilhagem e, para agradar aos deuses, sacrificava animais e mandava matar os chefes inimigos aprisionados.

Pecunia non olet

No Foro Romano, detenho-me no arco de Tito e conto ao meu *nipote* sua história. Reinou por apenas dois anos, mas foi o suficiente para passar à história com o epíteto que Suetônio lhe concedeu. O de "as delícias do gênero humano". Herói da conquista definitiva da Judéia, foi quem destruiu o templo de Jerusalém no ano de 70, acabando com o reino e provocando a diáspora dos judeus. Eles, durante quase vinte séculos, perambularam pelo mundo, até 1967, quando, na Guerra dos Seis Dias, Moshe Dayan reconquistou Jerusalém. Judéia rendida, os legionários, entusiasmados, quiseram proclamar Tito imperador. Recusou com veemência. Foi um dos raros imperadores romanos fiéis ao pai, o grande Vespasiano, velho pão-duro, com o qual aprendeu lições inesquecíveis. Como esta: certa feita, Vespasiano taxou os mictórios. Tito, chocado, reclamou do pai. Este deu-lhe uma moeda para cheirar e sentenciou: "*Pecunia non olet*" – dinheiro não tem cheiro – e manteve o imposto.

As termas de Caracala

Por duas vezes, tive sorte de assistir a uma ópera nas termas de Caracala: a primeira, com um grupo de estudantes de Direito, em 1949, e a outra com minha mulher e filhos e o casal Nahun e Beila Sirotsky, vinte anos mais tarde. Não creio que exista no mundo, excetuando o "Son et Lumière" das pirâmides do Egito, espetáculo ao ar livre de tão grande beleza. Um dos compartimentos dos antigos banhos termais foi aproveitado para o palco. Tem cinqüenta e três metros e permite que, em óperas como *Aida*, desfilem até elefantes. À frente, em uma estrutura metálica, arquibancadas comportam comodamente dez mil espectadores. A temporada é realizada no firme e cálido verão romano. É lindo ver-se, como vi, a reconstituição do castelo Sant'Angelo como no último ato da *Tosca*, quando, no horizonte, o castelo verdadeiro sobressai e, ao alto da noite azulada, um jato cruza o céu...

Rômulo e Remo

Caminhando pelas margens do Tibre, conto ao meu *nipote* a história que os irmãos maristas faziam os meninos como eu decorar em latim. Proca, rei de Alba, teve dois filhos: Numitor e Amulio. Sucedeu-o Numitor, deposto por Amulio, este matou os seus filhos varões, poupando Rhea Silvia, que transformou em vestal. Ora, vestais devem permanecer virgens, mas ela engravidou do deus Marte e deu à luz dois gêmeos. Furioso, Amulio a enterrou viva e mandou jogar os meninos no Tibre dentro de um cesto. O cesto foi dar a uma margem baixa do rio. Ouvindo o vagido das crianças, uma loba acudiu e os amamentou. Mais tarde, o pastor Faustulo os recolheu, dando-lhes o nome de Rômulo e Remo. Quando cresceram, contou-lhes sua história. Os dois, então, mataram Amulio e entregaram o trono a seu avô Numitor, que lhes deu um terreno à margem do Tibre. Ali fundaram Roma. Brigaram, e Rômulo matou Remo, dando seu nome à cidade. Isso aconteceu no ano 753 antes de Cristo e, *si non é vero, è benne trovatto.*

Destino dos impérios

Em seu livro *Os doze césares*, Suetônio comenta um período que vai desde César (que deu o título a seus sucessores, sem no entanto recebê-lo) até a queda do império, no ano de 476. Todos os Césares, apesar do Senado, exerceram poderes totalitários. Com Roma nas mãos dos bárbaros, sua pompa e seu poderio continuariam em Constantinopla, sede do império do Oriente, fundada por Constantino, o primeiro imperador cristão. Enquanto o que restava de Roma decaía, o império do Oriente se manteve até Constantinopla render-se aos turcos, em 1453. A data assinala o fim da Idade Média. De tudo, o que sobrou? Alguns escritos, preservados graças à diligência dos monges do medievo, estátuas mutiladas e ruínas, que agora percorro. É um grande ensinamento: o de que, apesar da aparente imortalidade, nenhuma nação é eterna. Assim aconteceu com Roma, assim acontecerá um dia com os Estados Unidos, os romanos do século XX.

Obeliscos

Em fins dos anos 1940, o cargo de adido cultural do Brasil em Roma foi exercido por ilustre gaúcho de Santa Maria, o dr. Xavier da Rocha. Foi ele incansável com estudantes de Direito da UFRGS que, em 1949, viajaram com expedição cultural pela Europa. Levou-nos a percorrer a cidade eterna, introduzindo-nos aos seus mistérios. Graças a ele, fiquei sabendo, entre outras coisas, que Roma tem treze obeliscos, com um detalhe que poucos conhecem: sete foram trazidos do Egito, sendo outros seis falsificados. Um deles (legítimo) ergue-se no centro da Piazza de San Pietro, em meio ao abraço que a colunata de Berlini lhe dá. Ao seu pé, como todos os anos, um presépio, abrigado por uma choça de palha, no qual os Reis Magos adoram o Menino Jesus. Apesar da crescente americanização, em Roma o Dia dos Reis (que é feriado) é mais comemorado do que o Natal. Esses e outros apegos que tem à tradição é que fazem de Roma eterna.

Preço em japonês

Jantamos na Tavernetta. É um restaurante que funciona desde 1890, o que, para nós, brasileiros, é uma loucura em matéria de tempo, mas que, para Roma, não é nada diante dos milênios em que cultiva a nobre arte de comer. Fica na via Sistina, perto do largo do Trittone, e, à sua frente, caçando a clientela, faz plantão Cláudio Pepi, o proprietário, meu amigo de viagens anteriores. Cláudio, que tem a cara e o corpo do Pavarotti, permanece firme na calçada, apesar do inverno, tangendo os indecisos para dentro. Por isso, o restaurante regurgita de gente. Peço o cardápio, que é impresso em seis idiomas, inclusive em japonês, e nos regalamos com o menu do dia: antipasto di mare, spaghetti alle vongole al dente, calamari alla pescatora, contorno a scelta, vino novello e café expresso. Paguei com cartão, mas, como o preço estava em japonês, não fiquei sabendo quanto gastamos. Só espero não sorrir amarelo quando chegar a conta.

A Pietà

À véspera de deixar Roma, assistimos à missa no Vaticano. A cerimônia é realizada em nave lateral, fugindo do bruá dos turistas, que, sem respeito, fotografam e filmam o templo. À direita de quem entra, a maravilhosa Pietá de Michelangelo. Ele a esculpiu em 1498, sob encomenda do cardeal Jean Villiers, que pagou quatrocentos e cinqüenta ducados pelo trabalho. É comovente contemplar a obra-prima que há quinhentos anos a todos encanta: a jovem mãe com o filho morto nos braços. Maria aparenta ser mais moça do que Jesus, e, aos que o criticaram por isso, Michelangelo respondeu que "não sabeis que as mulheres castas mantêm seu frescor por mais tempo? É o que se percebe numa virgem, em cujo seio jamais palpitou o desejo lascivo que afeta o corpo. Vou mais longe e ouso crer que essa flor jovem e imaculada talvez tenha sido trabalhada de maneira milagrosa, a fim de convencer o mundo da virgindade e perpétua pureza de Nossa Senhora". Neste inverno, ao pé da Pietà, ergo minha prece à Mãe de Deus.

César

Antes de despedir-me de Roma, não resisto a viajar pela vida de César. Mesmo não tendo sido imperador, exerceu tão grande influência na história que seu nome passou a designar reis: os césares de Roma, os kaisers na Alemanha e os tzares na Rússia. Político, guerreiro, escritor e devasso, incursionava por todos os setores com desenvoltura. Era o terror dos maridos e, também, a paixão de reis, como Nicomedes da Bitínia. A tal ponto que, registra com maldade o historiador Suetônio em sua obra *Os doze césares*, César era *omniun mulierum vir omnium vitrorum mulier* – "o marido de todas as mulheres e a mulher de todos os homens". Teve um filho com Cleópatra, que reconheceu, e que foi assassinado menino ainda. Foi morto pelos conspiradores instigados pelo invejoso Cássio, que o acusava de ambicionar a realeza e acabar com a república romana. Viveu cinqüenta e seis anos, mas, segundo Shakespeare, sua história e drama continuam sendo representados em países que ainda não haviam nascido e em idiomas que estavam por se formar.

A bravíssima

Eu tinha decidido traçar a Europa de trem, mas a Beth Fleck, experiente viandante d'além-mar, me desaconselhou: "De trem, só com maleta de mão". Ora, como carregávamos roupas para enfrentar a rudeza do inverno europeu, acabo optando por alugar um carro. Subo a via Venetto com o meu *nipote* e, na via Sardegna, sua transversal, entro na Avis, que eu conhecia de viagens anteriores. Ali, sem qualquer formalidade a não ser a exibição das carteiras de habilitação e de um cartão de crédito, reservamos um Fiat Bravo para o dia seguinte. Não conheço o carro e pergunto à atendente: *É veramente brava questa macchina, signiorina?* Ela, faceira por ouvir seu idioma pronunciado com o melhor sotaque florentino, responde sem hesitar: *Bravíssima, signore.* Foi assim que, no outro dia, tendo um taxista carregando nossas malas até a Avis, nos apossamos da "bravíssima". A seu bordo, e revezando-nos na direção, *moglie, nipote e o vechio* aqui, rumamos para Florença, nosso primeiro objetivo.

Roma-Florença

De Roma a Firenze (Florença) são 270 quilômetros. Às 9h30, apanhamos o carro na via Sardegna, onde pergunto o caminho: "Siga pela via Salária, que chegará à auto-estrada". Como a Salária é perpendicular à Sardegna, alcanço-a logo e, sempre me guiando pelas placas, vou saindo da cidade e constatando mais uma vez que, assim como todos os caminhos levam a Roma, todos permitem que dela se saia. Aliás, entrar e sair de uma cidade é a coisa mais complicada da Europa, apesar de geralmente haver boas indicações. Meia hora depois, entramos na autopista. Mesmo os caminhões, andando sempre e educadamente pela direita, correm a 140 km/h. Volta e meia, um bólide voa a duzentos e tanto: é um Fiat Testa-Rosa. Para ultrapassar os caminhões, a 150-160, sinto calafrios, e não de frio. Tanto que, um pouco antes de Orvieto, entrego a direção ao meu *nipote,* que tem menos experiência, mas mais reflexos. É sob seu timão que, menos de três horas depois da partida, chegamos a Firenze, o berço da Renascença.

Florença

Sinto a emoção de meu neto, um jovem de dezoito anos, quando sentamos em um café-terrasse da Piazza della Signoria, defronte ao monumento símbolo de Florença: o palácio Vecchio. À esquerda, uma fonte do deus do Mar deixa correr a água em jatos prateados e cantantes. Bem à nossa frente, a porta de entrada do palácio, tendo como sentinelas Hércules e o David de Michelangelo, com a funda na mão e o olhar de desafio. Conto para o *nipote* que tenho uma foto ampliada em frente ao David. Foi batida por meu amigo Bruno Russowsky quando, moços como ele, percorremos a Europa em uma excursão dos estudantes de Direito, em 1949. De lá para cá, quanta água passou sob a ponte Vecchio, que cruza o rio Arno... Num piscar de óculos, cinqüenta anos voaram. Tudo bem, vamos enfrentar os próximos cinqüenta com o consolo de que, depois de eles terem passado, David e seus companheiros continuarão a guardar Firenze – esta, sim, eterna em cultura e arte.

Renascença

Uma pergunta que sempre me faço é como, em determinado momento da História e em pequena área geográfica, de repente surgiram tantos gênios iluminando as trevas, as quais, durante quase um milênio, avassalaram a Europa. Refiro-me à Renascença, em cujo berço agora me encontro: Florença. Foi aqui que, graças a seus *signori* (senhores), o mundo renasceu para as artes e as letras, esquecidas desde o século de Péricles na Grécia e do apogeu do império Romano com Augustus. Quantos e quantos gênios entraram nesse impressionante edifício que contemplo agora: o Palácio da Signoria, dos Senhores. Os grandes senhores. Os que dirigiam a cidade-estado e que tiveram seu apogeu com os Medici. É o começo de uma tarde fria de inverno, e parece que estou vendo ali Dante e Bocaccio, e Petrarca, Rafael, Leonardo, Michelangelo e o próprio Savanarola, queimado nesta praça, numa fogueira ateada pelo obscurantismo que volta e meia tenta impor-se sobre uma cidade ou um Estado, tanto lá como cá...

Savanarola

Voltando à nossa viagem pela geografia e história da Itália, detenho-me na Piazza della Signoria, diante de uma placa a assinalar uma das mais terríveis páginas da Renascença. Ela está onde, em 1498, Igreja e governo queimaram numa fogueira o padre dominicano Girolamo Savanarola. Crime: ter criticado com veemência de um João Batista as injustiças dos poderosos da época, não escapando de suas palavras nem o Papa. Alguns trechos de seus discursos. Vaticano: "Não há, nos dias de hoje, graça ou dádiva do Espírito Santo que não possam ser compradas ou vendidas". Governo: "Os tiranos são incorrigíveis. Não dão ouvidos aos pobres e não condenam os ricos". Banqueiros: "Ninguém se envergonha de emprestar dinheiro com usura. Vossa fronte é a de uma prostituta". Como era um profeta sem armas, como o chamou Maquiavel, Savanarola foi entregue à Inquisição, torturado, enforcado e queimado como exemplo. É uma triste página da história, que nos envergonha.

SAVANAROLA E INQUISIÇÃO

E-mail de Darci Norberto Beck (tecnobel@cpovo.net): "Gostaria de dizer que, apesar de descendente de alemães, divido contigo a paixão pela cultura italiana. Com relação a Savanarola, acrescento que o Papa que ele atacou foi Alexandre VI (1492-1504). Sua sentença foi confirmada por Roma, que o enviou a tribunais seculares, que o enforcaram e queimaram junto com dois outros dominicanos, dia 23 de maio de 1498. Ainda sobre a Renascença, gostaria que me respondessem como viveram tantas mentes esclarecidas na mesma época: Desiderius Erasmo, Nicolau Copérnico, Ariosto, Michelangelo Buonarroti, Gil Vicente, Niccolo Maquiavel, Tomas de Torquemada e o grande e insuperável toscano Leonardo da Vinci, sobre quem seu amigo Melzi escreveu: 'Querido Leo, sua morte é motivo de tristeza para todos. Não está na força da natureza reproduzir homem igual – pintor, escultor, arquiteto, músico, engenheiro, geólogo, botânico, mecânico, hidráulico, anatomista, matemático, inventor, militar, cientista e filósofo'".

PISA

Ouvimos o relógio da catedral de Florença bater as doze e seguimos para Pisa, onde chegamos uma hora mais tarde.

Muita neblina no caminho, mas conseguimos avistar pequenas placas amarelas indicando à Piazza dei Miracoli. É um dos conjuntos arquitetônicos mais bonitos da Renascença: catedral, batistério e campanário, todos de mármore branco. O campanário, de oito andares, tem seu sino calado: é a torre inclinada. A inclinação, que começou já no século XII, quando foi construída, transformou-se na marca característica de Pisa, atraindo milhões de visitantes a cada ano. Para evitar sua queda, a torre foi há pouco envolvida em um cinturão de aço, a abraçá-la no segundo andar. Dali, grossos cabos a ligam a postes firmemente cravados na terra. Assim sendo, não há mais perigo de cair, como se temia. Pelo sim, pelo não, o tráfego de veículos está interrompido nas imediações. Por sua beleza, o conjunto da praça dos milagres mereceria, por si só, uma visita, mesmo que não possuísse um dos maiores atrativos da Itália: uma torre que, há oito séculos, faz que cai, mas não cai.

Em Veneza de táxi

São três horas da tarde, e estamos avistando Veneza, ao cruzarmos dez quilômetros da famosa ponte construída por Mussolini que nos deixa em um estacionamento defronte à cidade. Dois dias depois, iria pagar o preço da estada: quarenta dólares, o que sai mais em conta do que no Brasil. Estamos na era anterior ao choque cambial e, achando que tudo está barato, nos postamos à beira do cais e chamamos um táxi. Ele chega em seguida e estaciona junto à amurada. O motorista o amarra, ajuda-nos a botar a bagagem para dentro e sai a toda, buzinando pelas águas do grande canal e provocando marolas que sacolejam e assustam inadvertidos gondoleiros em suas longas, pretas e características embarcações. Porque o nosso táxi é uma lancha "voadeira", com um motor de 300 HP. É isso aí: em Veneza, o meio mais rápido de transporte são "táxis" como este, que, em dez minutos, nos deixa felizes e encharcados no cais da Piazza San Marco.

Veneza

Certa feita, escrevi matéria que o *Correio do Povo* publicou em destaque. O título: "Conheça Veneza antes que acabe". Isso foi em fins dos anos 1940. Ora, meio século passou, e, em vez de acabar, a cidade continua cada vez mais bonita. A população, é verdade, diminuiu. Ali não há chances para a juventude, que emigra em busca de trabalho. Assim, Veneza vai se transformando numa cidade de velhos. Nada mais é, aliás, do que o que vai acontecer nos países do primeiro mundo. Neles, segundo organizações demográficas, já há maior número de avós e bisavós, com mais de sessenta anos, do que crianças e adolescentes até catorze anos. Dito o quê, e enquanto a maré não sobe, sento num café-terrasse da Piazza San Marco e bebo um "novello", versão italiana do Beaujolais Nouveau. No rótulo, está escrito: "Vino Novello 1998. Colinas fantasmas na bruma outonal. Folhas cadentes como tempestade em migração. Atmosfera íntima, vindima, alegria neste vinho novo, sadio e sincero". Saúde.

ARTE E VANDALISMO

Para conhecer qualquer uma dessas cidades que estamos percorrendo, o tempo de uma vida talvez seja pouco. Roma contém toda a história da grandeza do Império Romano, e Florença guarda o esplendor da Renascença. Assim, limitamo-nos a suas maiores expressões: o palácio Vecchio, onde atuavam os grão-duques dirigentes da cidade-estado, a galeria Degli Uffizi, um dos mais completos museus de arte da Itália, e a Catedral de Santa Maria dei Fiori. Integrando o conjunto monumental, o batistério de S. Giovanni, abraçado por suas portas de bronze. A que dá para o leste é a famosa porta do Paraíso. Data de 1425, de quando Michelangelo a fez. Maltratada pelo tempo e pelos visitantes, foi recolhida ao Museu Duomo. Em seu lugar – assim como no da estátua de David –, uma reprodução. O vandalismo do homem através dos séculos, e não só o dos turistas de hoje, faz com que as mais célebres obras de arte do mundo sejam vistas apenas a distância.

DE UM MAR A OUTRO

Jantamos em nosso quinto restaurante em Veneza, todos com preços semelhantes ou inferiores aos de Porto Alegre. Bem, vivíamos nos tempos felizes do real de mentira, coisa do passado. Comemos, eu, sépia com polenta, a *moglie*, lagostinhas, e o *nipote*, espaguete com galinha, com uma garrafa de Valpolicela. Tudo por trinta e seis dólares. Chuvisca quando saímos e paramos no cais da Canônica, onde nos espera uma lancha-táxi que em quinze minutos nos leva ao estacionamento. Apanhamos o carro e vamos deixando para trás o Adriático, rumando para o mar da Ligúria. No caminho, dois *outdoors* inteligentes me chamam a atenção. São de propaganda de água mineral. No primeiro, um casal se beijando e os dizeres: "*Sessenta e cinco porcento de nosso organismo é constituído por água. O resto é mente*". E no outro, um casal trocando carícias ao lado de uma mineral, e a advertência: "*A água também pode incendiar*". São onze horas. Chove.

Portofino

Em Portofino, nos despedimos da Itália. É um pequeno povoado, famoso pela presença, no verão, de artistas e grã-finos. Um grande hotel, defronte ao mar, brilha em meio à chuva. É o Regina Elena, que surge como uma bolha solar a acolher os náufragos do planeta Júpiter, como no conto de Ray Bradbury. Para nós, que percorremos 494 quilômetros desde Veneza, e sempre sob chuva, não podia haver oásis mais acolhedor. É barato (fora de temporada) e com um busto da bela Rainha Elena no saguão. Ela me enseja ganhar o primeiro e único dinheiro da viagem: apostei cem dólares com minha *moglie* que a rainha era Elena de Montenegro, e não a de Sabóia, como ela insistia. Tinha certeza, pois fui criado na João Telles, ao lado da Sociedade Italiana Elena de Montenegro, filha de Vitorio Emanoel III. Ali, a gurizada da zona almoçava de graça e aprendia a repetir em coro: "*Evviva il Duce, Evviva Benito Mussolini*".

O Sasso

Em meio aos Apeninos, uma placa: Sasso. É a montanha que testemunhou a mais espetacular façanha da Segunda Guerra: o seqüestro de Mussolini. Deposto pelo rei, ele foi encarcerado em um hotel, no pico do Gran Sasso, cujo único acesso era o teleférico. Foi quando o capitão Otto Skorzeny chefiou um comando de planadores para libertá-lo. Das suas memórias: "'Mordi os lábios e ordenei: 'Aterrissagem em piquê junto ao hotel...' Fechei os olhos e senti um impacto violento. Tínhamos tocado em terra. Eu e meus oito comandados saímos correndo do planador. Na porta do hotel, um carabineiro. Paralisado pelo terror, não se moveu. Em uma janela do primeiro andar, uma cabeça característica: era Mussolini. Gritei-lhe que fosse para trás e subi a escada de três em três degraus. Rendi os dois oficiais que estavam com ele e os empurrei contra a parede. Pela janela, vi meus três outros planadores aterrissarem. O quarto vacilou e caiu como uma pedra no precipício. A primeira parte da missão estava cumprida, tínhamos Mussolini em nossas mãos".

O Mistral

Deixamos a Itália, chegamos a Juan les Pins, antigo povoado de pescadores transformado em centro de veraneio famoso, com direito a cassino. Ali, paramos num hotel à beira-mar. Do outro lado da praça, um restaurante emerge dentro da noite. Para lá, vou, curvando pelo vento constante e forte que sacode os pinheiros marítimos. Em seus galhos, milhares de pássaros em algazarra infernal. Contam-me depois que são pardais, que ali pousam recuperando forças para, ao clarear do dia, cruzarem o Mediterrâneo rumo à África, que alcançam rapidamente levados pelo Mistral. Porque é o lendário Mistral o vento que está uivando. Ele vem do norte e, como o nosso Minuano, limpa o tempo. Costuma soprar em períodos de três, seis ou nove dias, deixando o céu quase tão azul quanto o belo Mediterrâneo, agora agitado. No restaurante, aguardando os clientes, uma lareira queima toras de pinho, e suas chamas e o cheirinho gostoso da fumaça evocam as noites frias da serra gaúcha.

Neve

Retomando nosso roteiro pela França, de Juan les Pins seguimos rumo a Paris, atravessando os Alpes Marítimos.

Da Côte d'Azur à capital francesa, são pouco menos de mil quilômetros, que resolvemos traçar em três etapas. A primeira nos deixa em Grenoble, onde paramos num hotel da Rede Hollyday Inn. É quando começa a nevar, e é com neve que partimos cedo da manhã. Ao abastecermos num posto de serviço, o bombeiro me pergunta se temos correntes para enfrentar as estradas. A menção me faz lembrar do tempo em que morávamos em Viamão, nos anos 30. Para chegarmos até lá, em dias de chuva, meu pai era obrigado a colocar correntes em seu Ford modelo A. Caso contrário, não conseguia subir o lodaçal da lomba do Sabão. Bem, mesmo sem corrente, tocamos em direção a Paris. Por longos quilômetros, caminhões despejam água com salmoura na estrada, evitando que a neve se transforme em gelo. Em meio à paisagem esbranquiçada, lembro-me do velho e honrado Ford do meu pai.

2000

Paris – País Basco

Passado, presente, futuro

Disse aqui *au revoir* e embarquei para a Europa. Missão: adivinhar o que o novo milênio nos poderia trazer. Obedecendo a tal propósito, no mesmo dia em que o MD-11 da Varig aterrissou no Charles de Gaulle, larguei a mala em meu hotelzinho do Quartier Latin e, em companhia de mulher e neto, desci do metrô na Place de la Concorde. Ali, e para vislumbrar o novo século, de preferência do alto, embarcamos na roda- gigante instalada para comemorar o terceiro milênio, e, girando e girando, vi Paris como pretendia. Era começo de uma linda tarde de límpido inverno, e a cidade aparecia em todo o esplendor. À esquerda, a Notre Dame, como brilho do passado. À direita, bem ao longe, as torres de vidro de La Defense, com seu apelo de futuro. Não sei qual a mais tocante. Na verdade, penso que o mais importante é o presente e a maneira de vivenciá-lo.

O Saint Michel

Em Paris, sigo o rito que há meio século pratico. A começar pelo local da hospedagem: o Grand Hotel Saint Michel. Fica no 19 da rue Cujas, nas barbas da Sorbonne. Muitos brasileiros, em tom de gozação, afirmavam que ali permaneciam para, por osmose, adquirir a cultura da universidade. Feudo da famosa madame Salvage, o hotel hospedou, entre outros, Pablo Neruda, Raul Castro, Jorge Amado e muitos gaúchos. Carlos Reverbel possuía quarto cativo no primeiro andar. Era uma bela espelunca, e sua diária não passava de cinco dólares. Assim mesmo, alguns "penduravam", como foi o caso dos irmãos Castro. Como retribuição, ao assumirem o poder em Cuba, levaram a madame a Havana como convidada de honra. Com a sua morte, os herdeiros modernizaram o hotel, que, de zero, subiu para três estrelas. Continua, porém, com o seu charme de outrora.

O *DÉJÀ VU*

Sento à mesma mesa do mesmo restaurante que freqüento desde 1949. Como entrada, o mesmo de há dez anos: ovas de salmão. O preço é o mesmo de 1990: sessenta e oito francos. Desço e subo o bulevar Saint Michel (que os estudantes chamam de Boul'Mich'), e a diferença do que existe com o que existia em meus tempos de estudante é mínima. Prédio novo, praticamente nenhum. Alguns estabelecimentos mudaram de ramo, cafés fecharam, cafés abriram, mas nada mais que chame a atenção. O busto de Augusto Comte, que se encontrava em meio à praça da Sorbonne, obstruindo a visão da fachada da universidade, foi transferido para a sua direita, ficando a olhar os cafés, dentre os quais se destaca o Tabac de La Sorbonne. Ali, no recreio das faculdades, filas, a maioria de moças, alinham-se defronte à caixa. Objetivo: comprar cigarro. E, na entrada, um cartaz adverte: "Ambiente de fumadores. Não-fumantes admitidos".

CAFÉ FILTRO

"Aqui" – digo para o meu neto – "ficava o Capoulade." E explico: o "Capou" era o barzinho freqüentado pela juventude. Raro o dia em que não cercávamos suas mesas de mármore e, durante horas e horas, em torno de um café filtro, ficávamos a salvar a humanidade em geral e o Brasil em particular. O café filtro... Sobre uma xícara, colocava-se um cilindro que tinha dois filtros de metal, um sobre o outro. No meio, pó de café. Um bule despejava água fervente em cima e, durante minutos, às vezes longos, ficava-se a esperar que a beberagem descesse. Era o único café decente de Paris. Hoje, os *filtre* não existem mais, o Capoulade mudou de nome, o busto de Augusto Comte, de lugar. Não mudaram as minhas lembranças. Nem a imagem querida dos colegas de há cinqüenta anos e de suas belas lembranças, com as quais vou subindo e descendo o bulevar Saint Michel...

Arte em pedra

Paris não fica pronta. Ano passado, a Notre Dame e a Madeleine – cada qual, em seu estilo, o mais belo templo da cidade – estavam com as fachadas isoladas por painéis, atrás dos quais, em gigantescos andaimes, homens e máquinas trabalhavam na sua recuperação. Agora chegou a vez da Opera Garnier. Ela tem esse nome porque a planta é de Charles Garnier, que, em 1860, teve o seu projeto vitorioso em concurso do qual participaram 171 arquitetos. O prédio de onze mil metros quadrados é, para mim, a mais bela e elegante ópera do mundo. Como os demais monumentos de Paris, poluição ultimamente aumentada pelo escape dos automóveis tingiu sua fachada de cinza. Hoje, na parte já limpa, pode-se ver a diferença. Como na Notre Dame, agora toda branca e toda nova, emoldurada pelo Sena, a elevar suas torres ao céu, prece de pedra que as catedrais góticas parecem materializar.

Vale bem uma missa

Não resisto em viajar pela história da Notre Dame. Ela se situa ao centro da *ile de la cité* (ilha da cidade), onde Paris foi fundada. Ali o Sena se bifurca, é relativamente correntoso, o que assegurava à tribo dos parisii (cujo nome deu origem ao da cidade) relativa segurança com relação a investidas inimigas. Saltando os milênios, situamo-nos agora no século XVI, no qual a catedral vivenciou uma das mais curiosas cenas de sua história. Foi em 1572, por ocasião do casamento de Margarida de Valois, herdeira do trono de França, com o huguenote Henrique de Navarra. Ao contrário do casamento de Napoleão com Josefina, quando os dois subiram ao altar, Margarida o fez sozinha. Henrique, por ser protestante, ficou do lado de fora, na porta. Pouco depois, disse uma frase célebre: "Paris vale bem uma missa". Converteu-se, assumiu o reino e passou à história como Henrique IV.

Os vitrais de Chartres

Quando se atinge provecta idade, até que não fica mal lembrar passagens inusitadas da mocidade. Uma delas me leva ao começo dos anos 50, quando vivia em Paris e, vez que outra, freqüentava suas *boites de nuit* situadas em Montmartre. Eu trabalhava como repórter-correspondente com a obrigação de produzir cinco matérias por semana. Adiantando o serviço, tinha as noites livres. Ao sair do Brasil, vendi o automóvel e, com o dinheiro, auxiliado pelo câmbio favorável e por meu pai, importei de Detroit um Chevrolet Bel Air, um sucesso. Pois bem: em várias madrugadas. encerrada a noitada, nele embarcava com um buquê de moças, varando a noite rumo a Chartres, a uns noventa quilômetros. Ali chegávamos ao clarear o dia, indo direto para a catedral. Objetivo: ver o sol nascer através dos mais belos vitrais do mundo, em espetáculo de comovedora beleza. É o que volto a fazer agora, cinqüenta anos depois, não sem saudade, não sem emoção.

Graças a Deus

Em sua monumental *História da civilização*, Will Durant faz uma pergunta inquietante: por que, nos primeiros tempos que seguiram o ano 1000, a Europa construiu tantas e tão grandes catedrais? Em estilo gótico, que, com seus arcos, torres, vitrais e agulhas, substituiu o românico, os templos parecem mãos de pedra postas em direção ao céu. Podiam, alguns, abrigar a cidade inteira, como – para citar apenas dois exemplos – os de Avila, na Espanha, e Chartres, na França. O mais impressionante é que todos foram erguidos por esforço de mutirão do povo, que trabalhava sem remuneração. É a pura demonstração de fé materializada na inigualavelmente bela pedra calcária européia. Resposta à pergunta de Durant, hoje partilhada por historiadores de peso: as catedrais góticas representaram o agradecimento do homem a Deus por não ter acabado o mundo no ano 1000, como rezavam as profecias.

A Notre Dame

As primeiras catedrais góticas foram projetadas por monges. A partir do momento em que se começou a sonhá-las grandes, passaram a ser comandadas por mestres construtores. A eles conferido o nome de arquitetos. Os planos das primeiras repetiam, basicamente, os das basílicas romanas: uma nave longitudinal, terminando num santuário, que, com o tempo, foi cortada por uma galeria, dando-lhe a forma de cruz latina, A Notre Dame de Paris teve a construção iniciada em 1163 e ainda não tinha sido concluída quando, em 1302, Felipe, o Belo, ali instalou os primeiros Estados Gerais. Viveu seu grande momento de glória em 1804, quando Napoleão retirou das mãos do Papa a coroa imperial e, ele próprio, colocou-a sobre a cabeça. A Notre Dame, hoje completamente restaurada, ocupa uma área de vinte mil metros quadrados e é um lugar no qual, apesar do tumulto dos turistas, sente-se a presença de Deus.

De Chartres a Chambord

Deixamos Chartres e sua missa solene de domingo, com boa parte da população a assisti-la. Ainda hoje, a catedral é a construção maior e mais importante da cidade, da qual sobressaem suas torres, avistadas à distância. Por estradas secundárias e sem movimento, seguimos para Tours, via Orleans. Tours fica a 237 quilômetros de Paris, que se vencem facilmente em três horas, pelas magníficas rodovias da França. Não era bem assim nos séculos anteriores, como popularizou a famosa música dos anos 1950 *La petite diligence*, cantada por Andre Claveau: "*Pour aller de Paris a Tours/Il a fallait bien au moin huit jours*" (Para ir de Paris a Tours, era preciso bem pelo menos oito dias). Não é Tours o nosso objetivo, mas uma localidade nas proximidades, com meia dúzia de casas e um hotel que, como o nosso de Paris, se chama Saint Michel. Defronte a ele, uma das mais imponentes obras renascentistas francesas: o castelo de Chambord.

Chambord

A quantidade e a magnitude dos castelos do Loire refletem não a riqueza de um país em determinada época, mas a auto-suficiência de sua aristocracia. Enquanto o povo vivia em choças, na miséria, a nobreza se dava ao luxo de erguer obras monumentais, apenas para desfrutar dos prazeres da boa mesa e da boa cama. O castelo de Chambord é, talvez, o mais gritante desses exemplos. Por adorar a caça, o rei Francisco I (com apenas vinte e cinco anos) mandou construí-lo à margem de floresta onde abundavam javalis e veados. Tendo guerreado na Itália, conheceu Leonardo da Vinci, a cujo talento encomendou a planta. O resultado é um dos mais belos e importantes monumentos renascentistas franceses. A lição que se tira dessa obra frívola é a de que a nobreza abusou demais do povo. O resultado foi a revolução de 1789, as cabeças rolando e a esperança de um dia atingir-se os seus objetivos de liberdade, igualdade e fraternidade.

Roteiro

Na mesa de café do hotelzinho defronte ao castelo de Chambord, debruçados sobre o mapa Michelin, meu neto e eu somos dois estrategistas de Estado-Maior, traçando a rota para os Pirineus. São oito horas, e recém agora que vão servir o café da manhã. À noite, o hotel fecha as portas às dez horas, parece que estamos num convento. Bem, voltemos ao mapa. Daqui a Tours são cinqüenta e quatro quilômetros, e, de Tours a Poitiers, mais 105 quilômetros. De lá tocaremos para Bordeaux ou para Limoges. 8h45, servem o café, e começa a clarear o dia. 9h15, baixamos as malas e quase congelamos as mãos, raspando a geada que se acumulou nos vidros do carro. 12h30. Trancados há horas nas imediações de Poitiers: a pista está obstruída pelos caminhoneiros em greve. Frio: quatro graus abaixo de zero. 19h, ufa! Conseguimos lugar num hotel à beira-mar em Arcachon, a setenta quilômetros de Bordeaux. A invasão da Espanha vai começar.

Onde a fronteira?

Arcachon é uma encantadora cidadezinha-balneário com doze mil habitantes. No verão, a população quintuplica. No inverno, esvazia, mas mantém sinais vitais, como o cassino e um que outro bom restaurante. Dali seguimos para Bayone, a 170 quilômetros. Na auto-estrada, voamos a 140 km/h, permitidos, pagando pedágio duas vezes. O pedágio sai mais caro do que a gasolina. De Bayone, por vias secundárias e com velocidade reduzida, infletimos para a esquerda, rumo aos Pirineus. A estrada é emoldurada todo o percurso por campos cobertos de neve. Cinqüenta e quatro quilômetros depois, chegamos a St. Jena Pied de Port. Tem apenas mil e quinhentos habitantes, mas é famosa por servir de ponto de partida dos peregrinos do caminho de Santiago. Estamos em pleno País Basco, na orla dos Pirineus Atlânticos. Eles sobem ao céu cobertos de neve, o que nos encanta. Tanto que mal percebemos que, pouco depois, sem polícia e sem aduana, cruzamos a fronteira e entramos na Espanha.

Os Pirineus

Acariciados pela nevasca, vamos subindo os Pirineus. De todas as cadeias de montanha que conheço, essa é a que mais fustigou minha imaginação, devido às leituras da adolescência. Era ao alto de um de seus picos, cobertos de carvalhos, pinheiros e faias, que o mago Atlante mantinha preso em seu castelo o hipogrifo, um monstro com bico de águia, corpo de cavalo e asas cobertas de penas, que acabou sendo capturado por Rogério, um dos doze Pares de França, que, montado em seu lombo, realizou, voando, as mais extraordinárias façanhas. Mas, mitologia à parte, os Pirineus me impressionam por terem sido a grande barreira e a grande vitória de Aníbal. Foi com elefantes à frente de suas tropas que o general cartaginês conseguiu ultrapassá-los e chegar às barbas de Roma, na mais famosa marcha guerreira de todos os tempos. Com uma extensão de 432 quilômetros do Atlântico ao Mediterrâneo e uma largura de 140 quilômetros, os Pirineus, verdes no verão e brancos no inverno, são uma das coisas mais lindas existentes no planeta Terra.

Os "Paradores Nacionales"

Na Espanha, ajustei meu roteiro ao da geografia dos Paradores Nacionales. Os Paradores, criados nos tempos de Franco, quando o país, sofrendo bloqueio dos americanos, descobriu no turismo sua grande fonte de renda, espalham-se por todo o território. Apesar de serem estatais, constituem exemplo de eficiência. Instalam-se, na maioria, em palácios medievais restaurados ou em antigos conventos. Poucos, como o de Carmona (nas imediações de Sevilha, onde se hospedou a Seleção Brasileira na Copa do Mundo), são de construção recente e específica para hotel. Com exceção do Hostal de los Reyes Magos, em Santiago de Compostela, célebre por seu requinte e luxo, os demais são de três estrelas, com preços compatíveis e com excelentes restaurantes. O de Olite, onde me hospedo na primeira noite de Espanha, foi palácio real e, como a maioria dos demais, poreja história em cada pedra.

Roncesvalles

Roncesvalles sempre mexeu com minha imaginação. Desde adolescente, devorador dos livros de cavalaria, o nome me marcou. Foi ali que os sarracenos, aliados com os bascos, liquidaram com a retaguarda do Exército de Carlos Magno, chefiada por seu até então imbatível sobrinho Rolando, o mais bravo dos doze Pares de França. O local, segundo o *Guia Michelin* do ano 2000, tem apenas sessenta habitantes, situa-se a 952 metros de altitude e possui uma pousada de dezoito quartos. Ali se hospedam peregrinos no início do caminho de Santiago. Há uma pequena igreja e, defronte, numa pracinha no meio da estrada, singelo alto-relevo em bronze incrustado na rocha representa o combate de cavaleiros medievais, com suas lanças e armaduras. Assinala um ano: 778. Foi quando aconteceu a batalha, num vale das proximidades, ninguém sabe precisar onde. Apesar disso, Roncesvalles (em idioma basco: Orrega) é um dos lugares mágicos dos velhos tempos da cavalaria.

Rolando

Em Roncesvalles, junto ao monumento a Rolando, lembro *Carlos Magno* de Pepita de Leão, que líamos no ginásio do Rosário. Ao voltar para a França, a retaguarda do exército por ele comandada caiu ali numa emboscada de duzentos mil sarracenos e bascos. Depois de encarniçado combate, sobrou apenas o paladino. Os inimigos criaram coragem, aproximaram-se e vararam com um lançaço seu bravo cavalo Brindadeouro, que caiu, arrastando-o. Julgando Rolando morto, Marsila, o rei sarraceno, retirou-se com os destroços das suas tropas. Pouco depois, Rolando recuperou os sentidos, mas percebeu que estava morrendo, e, receoso de que lhe arrebatassem a Durindana, sua espada, tentou destruí-la. Não conseguiu, escondeu-a debaixo do corpo e expirou. Ao encontrá-lo, mais tarde, Carlos Magno, comovido, ordenou que fosse enterrado com ela. É essa história que visualizo, enquanto a neve cai e o vento me traz a lembrança do herói, nesta tarde cinzenta dos Pirineus.

No País Basco

De Roncesvalles, por estrada secundária e deserta, começamos a trilhar o famoso Caminho de Santiago. À saída, uma placa: "*Orrega bide os bem*". É escrita assim mesmo, em basco. Embaixo, a tradução em letras miúdas: "Roncesvalles lhes deseja boa viagem". O basco é uma língua pelo menos enigmática: não tem nada a ver com os idiomas europeus, e seus praticantes proclamam, orgulhosamente, que era usada por Adão e Eva no paraíso terrestre. Na realidade, dizem ser semelhante apenas a um idioma falado no interior da Índia. Como foi surgir ali, é um mistério. Nosso objetivo agora é a cidadezinha de Olite e seu parador, antigo palácio dos reis de Navarra. Para chegar até lá, temos que passar por Pamplona, o que é um inferno: caímos no centro da cidade e, como na Espanha não há placas indicativas como na França, rodamos perdidos por mais de uma hora, e não exatamente no paraíso terrestre.

2004

ESPANHA

FÉRIAS

Durante as últimas duas semanas, fui ver se a Europa estava no mesmo lugar. Macaco velho e escolado, viajei com motorista e enfermeira, no caso, o meu neto Rubens e a minha mulher, Maria Clara. De Madri, a bordo de um Mondeo, fomos descendo sem pressa para Barcelona. Em Castilla la Mancha, trilhamos os andares de Dom Quixote. Até Albacete, contei sete moinhos, cantando o vento, moendo o tempo... Caindo a noite, crio coragem e, rebuscando o baú da memória, declamo García Lorca: "*A la mitad del barranco,/ las navajas de Albacete,/ bellas de sangre contraria,/ relucem como los peces...*". Comovo-me. E mais comovido fico quando, no Parador Nacional, servem-nos uma das glórias da região: cordero manchego, que trinchamos com bravura e com o bom aço daquela bela terra.

GUERNICA

Em Madri, no museu da Rainha Sofia, diante da *Guernica*, de Picasso, conto ao meu neto Rubens a sua história. Guerra Civil Espanhola. Segunda-feira, 26 de abril de 1937. Guernica é a mais tradicional e sagrada cidade do País Basco, aliado do governo espanhol contra o general Franco. "É cidade aberta", ou seja: não possui instalações militares. De repente, ondas sucessivas de bombardeios nazistas (aliados de Franco) castigam-na durante 3h45 com bombas incendiárias. Vendo Guernica em chamas, George Steer, correspondente do *The Times*, escreveria em seu livro *The tree of Guernica*: "(...) ao nos aproximarmos de Guernica, o céu começou a impressionar. Parecia mover-se e se tornou de uma cor rosa deslumbrante. O tipo de rosa que os pintores sonham há séculos". Nada sobrou da cidade e da população. Foi o primeiro bombardeio de uma cidade, por pura maldade, sem motivo algum.

A volta de Dom Quixote

Dom Quixote e Sancho Pança vão descer do seu monumento na Piazza España, em Madri, e voltar a andarilhar pela Mancha. Em 2005, o quarto centenário da publicação da obra de Miguel de Cervantes será comemorado com a inauguração de um roteiro inspirado no Caminho de Santiago. Será um "corredor verde" de cerca de mil quilômetros, seguindo os andares do cavaleiro da Mancha. Para tal, já começou a funcionar a empresa turística Dom Quixote 2005, com um orçamento de quarenta milhões de euros. O itinerário será sinalizado por quatrocentos painéis, prevendo-se ainda o plantio de 120 mil árvores. Hotéis e albergues receberão selo de qualidade. O roteiro terá início em Toledo, terminando na província de Albacete. Poderá ser feito a pé, de bicicleta ou a cavalo. Fica proibido atacar moinhos de vento, como fez o velho fidalgo.

Alcaraz em Alcaraz

Semana passada, no interior profundo da Espanha, vivi o meu maior momento. Foi quando entrei num enfumaçado bar, lotado de homens de rosto enrugado e crestado de sol dos lavradores. Lembrando o capitão Rodrigo ao chegar a Santa Fé, parei junto ao balcão, virei-me para o povo e tonitruei: "*Buenas y viva España! Viva porque me llamo Alcaraz!..*". Explicação: eu estava no principal (e único) bar da aldeia de Alcaraz, 1,8 mil habitantes, na serra do mesmo nome, ancorada no passado, a oitenta e três quilômetros de Albacete, terra e raiz da minha gente materna. Surpresa no bar. Quando se acostumaram com a idéia, o balconista, *señor* Angel, disse sorrindo: "*Bienvenido, paisano*". Então, com lágrimas nos olhos, e em homenagem ao meu velho bisavô que dali partiu para descobrir a América, mandei servir uma vinhada geral, por conta da família.

A PRINCESA IDEAL

Na Espanha, o assunto mais quente é o noivado do príncipe Felipe com bela e divorciada apresentadora de televisão. A propósito, o influente *El País* diz que "...a princípio, a igreja se apressou em advertir que, segundo o direito canônico, não havia impedimento algum para que o príncipe de Astúrias se casasse com Letizia Ortiz, apesar de ela ser divorciada, porque 'o matrimônio civil não tem validade aos olhos da Igreja'. Com tempo, por meio de seus mais célebres canonistas, matizou a afirmação com comentários, embora sutis e discretos, sobre a preocupação das autoridades religiosas e as características da futura rainha. Para a Igreja, a consorte ideal do príncipe deveria ser uma mulher batizada, educada no catolicismo, cumpridora das práticas religiosas, dedicada a obras da caridade e, por suposto, virgem". Enfim...

O VALOR DA ÁGUA

Velejando pela Lagoa dos Patos com meu primo Breno Alcaraz Caldas, encantava-nos a imensidão desse verdadeiro mar doce. Ficávamos a lembrar então o que não teriam sentido nossos avoengos espanhóis quando aqui chegaram. Vindos de uma terra onde raramente chovia (o nome do rio da aldeia era, em idioma valenciano, *rio Sec*), a pouca água que tinham vinha do degelo da neve da serra da Carrasqueta. Era colhida em grande açude, no qual se postavam as donas de casa. As que ficavam em cima lavavam a roupa branca. Mais abaixo, a roupa de cor, e, finalmente, à saída, a roupa dos enfermos. A água em seguida corria por canaletas para as propriedades. Essas valiam mais pela "hora de água" que tinham do que propriamente pela extensão. Criado pelos árabes, o sistema vem sendo rigorosamente respeitado através dos séculos.

O terror na Espanha

O estupro e o assassinato de uma irmã de caridade gaúcha em Moçambique lembram-me as atrocidades cometidas na Guerra Civil da Espanha. Refere Phillip Knightley em *A primeira vítima* que, nos primeiros três meses, vila após vila, cidade após cidade atrás das linhas republicanas, os camponeses e os operários assumiram o controle em nome do comunismo, ou qualquer que fosse o crédito político local, e tratavam de acertar contas antigas... Cerca de sessenta mil pessoas foram mortas durante esse período de terror republicano, incluindo doze bispos, 283 freiras, 4.184 padres e 2.365 monges. Expurgo parecido ocorria do lado nacionalista... A brutalidade de ambos os lados era extraordinária, mas, do lado dos republicanos, tinha matizes religiosos. Um crucifixo foi empurrado dentro da boca de uma mãe de cinco jesuítas. E sempre a morte era saudada com aplausos, como se fosse o momento decisivo de uma tourada.

Sagunto

Deixamos Albacete e seguimos para o litoral pelas magníficas estradas da moderna Espanha, tão diferentes das que palmilhei no começo dos anos 1950. Lentamente, passamos ao largo de Valência, em meio a arrozais à esquerda e laranjais a perder de vista à direita. Não há arroz nem laranja que se comparem aos de Valência. Costeamos agora um dos litorais mais bonitos do mundo: a Costa Brava. Vinte e três quilômetros adiante, ao alto de uma montanha, as ruínas de Sagunto. Fiel a Roma, a brava e heróica Sagunto resistiu duramente oito meses ao cerco de Anibal e de seus cartagineses. Não se rendeu: os habitantes a incendiaram, jogando-se às chamas. Mais uma vez, lembro e declamo García Lorca: "*Señores guardias-civiles,/ aqui pasó lo de siempre./ Han muerto cuatro romanos/ y cinco cartagineses*". Cruzando os caminhos da bela e heróica Espanha, lá se vai um carro com brasileiros encantados pela magia da sua história.

O divino Dalí

Com honra e pompa, e com direito à presença de Felipe, príncipe de Astúrias, e da sua "prometida", señorita Letizia Ortiz, Barcelona inaugurou a exposição *Dalí. Cultura de massas*. Fui visitá-la. Reúne 314 obras, entre óleos, fotos e fragmentos de filmes cinematográficos. É uma das muitas homenagens que a Espanha presta ao grande artista na passagem do centenário do seu nascimento, em 1904. Exibem também o desenho animado *Destino*, que Dalí realizou com seu amigo Walt Disney e que nunca havia sido divulgado. Um show. Na mostra, exemplos do pintor ao traduzir elementos do mundo industrial em sua obra, como uma garrafa de Coca-cola na *Poesia da América*, de 1943, além de seu famoso e surrealista telefone-lagosta. Em 1952, encontrando-o no posto da fronteira de Hendaia, o pintor, ao avistar-me, gabou-se: "Soy el divino Dalí!..." De fato, era. Continua sendo.

Onde a verdade?

Netos das vítimas da Guerra Civil Espanhola estão se agrupando em entidades a fim de saber o que realmente aconteceu com os seus avós, como e em que circunstâncias morreram. É que, no século XX, não houve conflito tão mal noticiado. Os correspondentes eram todos engajados, mesmo talentosos escritores como Hemingway, Dos Passos, Malraux, Spencer, Koestler e tantos outros. A maioria puxava para a esquerda e relatava os fatos não como aconteciam, mas como gostaria que tivessem acontecido. Em seu livro *Looking back on spanish war*, George Orwell escreveu que "ainda bastante jovem, notei que nenhum acontecimento é jamais noticiado corretamente pelos jornais, mas, na Espanha, pela primeira vez, vi matérias sem qualquer relação com os fatos". Passados sessenta e cinco anos e sedimentadas as paixões, a verdade talvez apareça.

A festa da água

Primo-irmão de meu avô Joaquim Alcaraz Plá, Constantino Miquel Plá era considerado homem rico na aldeia Xixona. Motivo: possuía oitenta e três horas de água por mês. Era uma festa quando, correndo por canaleta de cimento, ela chegava à sua *finca*, que se chamava Alecua e ocupava não mais de vinte hectares. Ficava ao sopé da serra da Carrasqueta e era formada por platôs, arrematados por pequenos muros de pedra. Quando a água inundava um, por gravidade descia para o outro. De enxada em punho, Constantino e os três filhos varões iam-na guiando em meio às plantações. Havia muita hortaliça, mas predominavam as amendoeiras. As verduras eram vendidas pela família todas as semanas na feira do povoado. A amêndoa ficava armazenada à espera de bom preço. Tio Constantino sempre me tratou como neto querido. Dele e de seus filhos, guardo a mais carinhosa das lembranças.

Uma coisa muito séria

Há vários anos que não assisto a uma tourada na Espanha. Houve época, no entanto, em que eu viajava para lá especialmente para fazê-lo. Em 1952, permaneci quinze dias estacionado em Córdoba, no coração da Andaluzia, para ver a grande corrida de touros destinada a arrecadar fundos para um monumento a Manolete. Manuel Rodriguez Sanchez, o Manolete, foi considerado o toureiro mais valente do século XX. Atraía milhares para vê-lo, na arena – e milionário ficou. Alto, esguio, elegante, raramente sorria. Um repórter perguntou-lhe certa vez: "Por que não sorri, maestro?". Ele respondeu: "*Señor,* meu negócio são os touros, e os touros são uma coisa muito séria". Acabou sendo morto quando estocava o coração de um deles, Islero, da famosa *ganadería* de Miura, *a las cinco em punto de la tarde* de 28 de agosto de 1947. Os jornais abriram manchete: "Mató muriendo y murió matando", e a Espanha inteira se cobriu de profundo luto.

Irmão contra irmão

Costuma-se afirmar que guerra civil é guerra de irmãos contra irmãos. Foi literalmente o que aconteceu com os meus parentes na Espanha. Tio Constantino tinha cinco filhos: Josephina, Maria, Constantinet, Pepe e Toni. Toni era o mais moço e, como costume na terra, chamavam-no em dialeto valenciano *Caga-nio*, significando que o último filho "faz cocô no ninho", que não seria mais utilizado... Em começos de 1936, os três se separaram, para trabalhar como jornaleiros em outras lavouras. Estourou a guerra, Pepe e Constantinet foram aliciados pelos franquistas e Toni, pelos republicanos. Felizmente, não trocaram tiros entre si e sobreviveram. A mesma sorte não bafejou milhares e milhares de famíias que tiveram a desgraça de se verem envolvidas na mais sanguinária e feroz guerra civil do século XX.

Balé com a morte

A tourada (o espanhol diz "corrida de touros") é o mais belo espetáculo que Deus proporcionou às benditas terras de Espanha. Americanos e anglo-saxões a criticam pela ferocidade, esquecendo sua paixão pelo boxe. O espetáculo dura aproximadamente duas horas, durante as quais três toureiros (ou "matadores") se alternam, enfrentando seis touros. Compõe-se de três *tercios*. No primeiro, por passes de capa, o touro é levado até um cavaleiro (o "picador"), que o espeta por três vezes no cachaço. É cruel. O objetivo é fazer com que baixe a cabeça. Em seguida, no meio da arena, recebe três pares de bandarilhas. É lindo. Finalmente, a "hora da verdade". O toureiro, sozinho, enfrenta o touro com um pequeno retângulo de pano vermelho chamado "muleta". Depois de uma série de passes, dá-lhe a morte, com uma estocada. Há muitos anos, escrevi que a tourada é um balé com a morte. Continuo pensando assim.

Touradas

E-mail de Ana Maria Pretto (eletrosoldas@uol.com.br):

"Fazia tempo que não sentia tanta vontade de vomitar quando li o seu comentário 'Balé com a morte': como é possível uma pessoa que se mostra inteligente dizer que um toureiro faz um balé com o touro? Que covardia! Eu, que lhe assistia diariamente com os *Guerrilheiros da notícia*, fiquei extremamente decepcionada. Não assisto mais". De Assis Setembrino dos Santos (assis@express.com): "Assisti a uma corrida de touros em Madri e tive a fortuna de sentar-me ao lado de um espanhol veterano aficionado por touradas. Quando lhe perguntei sobre o que pensava sobre a morte do touro, ele me perguntou como é que no Brasil matam os bois. Respondi-lhe que às vezes se dá choque elétrico; outras, marretada na cabeça ou se lhe enfia uma facada no coração para deixar escorrer o sangue. Concluí que temos muito pouco a ensinar para os espanhóis sobre o assunto".

O "espontâneo"

Voltei da viagem da Faculdade de Direito à Europa, em 1949, apaixonado pelas touradas. Elas me ensejaram escrever uma crônica que fez sucesso sobre a morte de um "espontâneo" em Madri. O "espontâneo" é um intruso na corrida de touros. Trata-se de um rapaz de origem humilde que, durante o desenrolar da *lidia*, se joga na arena com um pedaço de pano nas mãos e chama o touro, fazendo com que desvie a atenção do toureiro e contra ele invista. Em alguns casos, consegue toureá-lo, mas geralmente é atingido pela fera e, em muitos casos, morre. Se escapa vivo, é preso pela guarda civil, que lhe aplica uma *paliza* (surra) e o joga na cadeia. Ora, certa feita, em Sevilha, um deles saiu-se tão bem que a arena inteira pôs-se de pé para aplaudi-lo. Foi quando eu, erguendo um lenço branco, gritei "indulto!". Logo houve um branco mar de lenços e milhares de vozes repetiram: "indulto!". Foi a minha consagração como aficionado.

Touradas aqui

Encontrei uma preciosidade: carta que me escreveu o arquiteto Fernando Corona relatando como projetou a Plaza de Toros de Porto Alegre e que vou encaminhar ao historiador Sérgio da Costa Franco: "Fiz o projeto com o 'redondel' da arena de trinta metros de diâmetro e capacidade para seis mil espectadores. Foi batizado como Anfiteatro Alhambra. A construção foi rápida, sendo pintada na parte de fora de azul e branco. Era localizada no Campo da Redenção, marginal à avenida João Pessoa, altura da rua Luiz Afonso. No domingo, dia 13 de novembro de 1932, foi inaugurada, com lotação absoluta e uma renda bruta de vinte e três contos de réis. *A las cinco en punto* da tarde, soou o clarim, e uma banda de música tocou um paso doble. Os touros eram 'alçados' dos matagais de São Jerônimo. Tourearam, vindos especialmente de Córdoba, Rafael González, 'Machaquito', Joaquim Flores, Rafael Obispo 'Marea' e José 'Payãn' Joselillo. Um sucesso".

Alcazar de Toledo

O episódio mais dramático da Guerra Civil Espanhola foi o cerco de Alcazar de Toledo. Vinte e cinco de julho de 1936. Baluarte franquista, a velha fortaleza defendida pelo coronel José Moscardó estava cercada pelas forças comunistas do governo. Seu chefe, Candido Cabello, aprisiona-lhe o filho Luís e consegue telefonar para Moscardó, dizendo-lhe que mataria o rapaz se o Alcazar não se rendesse. Trava-se então este diálogo entre o pai e o filho. Luís: "Papai!...". Moscardó: "Filho meu, o que há?". Luís: "Nada. Eles dizem que me matam se o Alcazar não se render. Mas não se preocupe comigo". Moscardó: "Se for verdade, encomenda a tua alma a Deus, grita 'viva Espanha!' e morre como um herói (pausa). Adeus, meu filho. Um beijo muito forte". Luís: "Adeus, papai, um beijo muito forte". Quando Cabello volta ao telefone, Moscardó fala: "Pode esquecer o prazo que me deu. O Alcazar nunca se renderá". Desligou, e o Alcazar não se rendeu.

O TÚMULO DE EL CID

Em 1952, participei de gloriosa exposição à Espanha. Morando em Paris, importara um Chevrolet Bel-Air e o abasteci de gasolina e amigos: os gaúchos Wilson Chagas, Antônio Carlos Osório e meu irmão, Celso, e os cariocas Eduardo Sued e Ivette Maris. Cruzamos a fronteira e pernoitamos em San Sebastian. Ali tivemos que interromper a viagem devido a violenta nevasca. No hotelzinho à beira-mar em que nos hospedamos, todos os seis em pequeno quarto, fazia tanto frio que dormimos encasacados e, além das cobertas, tivemos que nos cobrir com um tapete. Clareando o dia, seguimos rumo a Burgos, para visitar na Catedral o túmulo de Rodrigo Diaz de Bivar, El Cid. Estava sepultado rente ao chão, no centro de maravilhoso templo gótico. Perguntei ao sacerdote-zelador: "Por que tão humilde a sepultura para tão grande herói?". Ele inflou o peito e disse com orgulho e voz grave: "*Señor, el túmulo del Cid es toda la catedral*".

A "*FIESTA NACIONAL*"

O touro que atua nas arenas da Espanha pertence à espécie *Bos taurus ibericus* e é criado especialmente para enfrentar o homem. Consta ser oriundo de Creta, onde pinturas o registram "lidiado" por bailarinos. Em *O egípcio*, Mika Waltari comove contando como a doce Minéria com eles dançava arriscado e belo balé. O touro entra na arena com mais de três anos, pesando em média quinhentos quilos. É extremamente feroz diante do homem e dos cavalos. Cada *ganadería* esmera-se em aprimorar essa ferocidade. Os mais temidos são os criados pelos herdeiros de *don* Eduardo Miura. Mataram dois dos mais famosos toureiros do século XX: José Gómez, o Joselito, em 1925, e Manolete, em 1947. As touradas, tão criticadas pelos adeptos do paz & amor (que, no entanto, não reclamam do sacrifício do boi para comerem o seu bife sangrento), receberam o apoio oficial e o incentivo do rei Juan Carlos, que as considerou como "*fiesta nacional*" da Espanha.

A PAELLA

Viajamos de Barcelona a Paris, vôo da Ibéria, em menos de duas horas. Na despedida, jantamos no Siete Puertas, proximidades do porto. O restaurante foi fundado em 1836 e é famoso pela *paella*. Foi o que pedimos, tal qual havíamos feito em Madri, em outro restaurante famoso, o Bajamar, na Gran Via. Tanto em uma ocasião como na outra, não tivemos sorte. Lembrei Johan Mitchner, um dos estrangeiros que mais conhece a Espanha e que, em seu clássico *Ibéria*, diz nunca ter comido uma *paella* que prestasse na Espanha. E dei razão também a *Don* Curro, dono do célebre restaurante de São Paulo que tem o seu nome. Ele afirma existirem apenas duas *paellas*: a feita por ele e a por "*um cierto reportero do Porto Alegre*". O nome do "reportero" a modéstia me impede de mencionar.

UM PRATO FAMOSO

A *paella* (pronúncia: "paêia") é o mais famoso prato da cozinha espanhola. O nome teria origem no latim, no qual *patella* significava pequeno prato de oferendas; ou viria da deusa Patelena, que zelava pelo crescimento das espigas. Entre elas, as do arroz, que cobriam La Albufera (em árabe: pequeno mar), junto a Valência. O fato é que, já no dialeto valenciano antigo, fala-se em "paella". A pesquisa é de Lourdes de March em seu *Libro de la paella y arroces*, Aliança Editorial, Madri. Como acontece aqui com o nosso churrasco, a preparação da *paella* nas *fincas* da Espanha é rito que se estende por horas em torno a um fogão a lenha. Ali, cada mestre *paellero* pensa e diz ser o melhor, duvidando que alguém cozinhe tão bem como ele...

Herança árabe

As marcas de quase oito séculos de presença árabe na Espanha são visíveis. Rara é a cidade da Andaluzia ou do Levante que não possua ruínas de um castelo mouro, o alcazar (do árabe "al-qsar", castelo), ou não se beneficia ainda por seu sistema de irrigação. Na agricultura, introduziram a laranja, o açafrão e a cana-de-açúcar, entre dezenas de vegetais. No vocabulário, aí estão as palavras iniciadas por "al", além de termos como açúcar, sorvete, xarope, bazar, caravana, aduana, azeite, chafariz, guitarra, sofá e tantos e tantos. Na aritmética, criaram o zero e a álgebra. Na filosofia, reviveram as obras dos gregos, esquecidas na Idade Média. Onde exerceram o poder, fizeram geralmente com moderação, tolerando cristãos e judeus. Finalmente, no auge, o califado de Córdoba era o mais importante do mundo, superando o da então poderosa Bagdá.

Final inglório

Arquitetonicamente, os mouros legaram preciosidades à Espanha. Em Córdoba, por exemplo, a mesquita, que é um mar de 850 colunas, foi transformada em igreja. Em Granada, a Alhambra, palácio maravilhoso, último reduto da sua presença na península Ibérica. Em 1482, seu destino começou a ser selado. Unidos pelo casamento, os "reis católicos" Fernando II de Aragão e Isabel de Castela marcharam contra o palácio-fortaleza. O assédio se estendeu por mais de dez anos. Finalmente, na madrugada de 2 de janeiro de 1492, Granada se rende. O fato é comemorado com festas em Roma, Paris e Londres. Ao abandonar a cidade, fugindo para o exílio, Boabdil, seu último rei, detém-se num morro vizinho, olha para o que perdeu, e desata em prantos. Sua mãe, Aisha, diz-lhe: "*Chora como mulher o reino que não soubeste defender como homem*". Depois de quase oito séculos, terminava o domínio mouro na Espanha.

Moros y cristianos

Durante os oito séculos em que permaneceram na Espanha, os árabes legaram mais benefícios do que os deixados em sua originária terra. Ainda hoje cientistas, historiadores e políticos muçulmanos se encantam com os restos de sua espetacular civilização ibérica, que não encontra nada semelhante no Oriente. Houve mais: a partir de certa altura, os invasores de outrora passaram a se confundir com os nativos, tão grande a simbiose entre os dois sangues. Ela originou as mais famosas festas do Levante: a dos *moros y cristianos.* Uma vez por ano, metade de cada aldeia se fantasia com os trajes típicos de um ou de outro. E, durante três dias, com muito vinho e alegria, comemoram-se a guerra e a paz de duas raças que transformaram o árido sul da Espanha em verde jardim.

Entrada franca

Multidões em todos os aeroportos. Em Madri, onde desembarco um mês antes do atentado terrorista, as malas passam livres pela alfândega. À saída, ninguém pede sua identificação. Entrando-se por Lisboa, como foi o meu caso, circula-se livremente, sem qualquer controle aparente. Em nenhuma oportunidade, em Portugal, na Espanha ou na França, pediram-nos o passaporte. Em Paris, desço num Orly irreconhecível, nada lembrando os tempos em que inspirou uma das mais belas canções de Gilberto Becaud (que é a característica de meu programa na Rádio Guaíba), na qual ele conta a história de um rapazinho que aos domingos ia ver os pássaros de prata voar... Os aeroportos que freqüentei nesta Europa de 2004 (Lisboa, Madri, Barcelona e Paris) parecem mais estações rodoviárias apinhadas de gente, sem charme e sem alegria.

Depois de 2001

A Guerra dos Mil Anos

A Guerra dos Cem Anos, entre a França e a Inglaterra, durou 116. A Guerra dos Mil Anos, entre os mouros e os cristãos, já dura 1.290. Começou em 711, quando Tarik saiu da África, atravessou o Mediterrâneo e desembarcou na montanha a que deu seu nome: Djebel (penhasco) al (de) Tarik – Gibraltar. Os árabes esparramaram-se pela Espanha, cruzaram os Pirineus e somente foram batidos em Poitiers por Carlos Martel, avô de Carlos Magno. Não fosse ele, a Europa seria islamita. O troco veio com as Cruzadas, que, durante dois séculos, massacraram o inimigo em seu território. Em qualquer relato de qualquer uma das muitas guerras que desde então se travaram, o comportamento dos cristãos foi sempre mais cruel do que o dos mouros. Eles, desde que expulsos da Europa em 1492 pelos Reis Católicos, não recuperaram a pujança de outrora. Agora, com a mais insidiosa das armas, atacam o Ocidente em seu coração, Nova Iorque. A Guerra dos Mil Anos continua. Haverá vencedor?

A Nona Cruzada

Ao referir-se à expedição punitiva dos americanos contra o Afeganistão, Bush usou o termo "cruzada", o que provocou forte reação entre os árabes. Acontece que o presidente americano, pouco versado em história, mal imaginava ter-se referido a um dos maiores movimentos militares do Medievo: as Cruzadas contra o Islã. Foram, ao todo, oito, movidas pelos reis e grandes barões da Europa, de 1096 a 1240. A única exitosa foi a primeira, pregada pelo monge Pedro, o Eremita, abençoada pelo papa Urbano II e comandada por Godofredo de Bulhão, que, com um exército de seiscentos mil homens, libertou Jerusalém. Logo, os cristãos sofreram reveses que se estenderam por quase dois séculos. Na entrevista que concedeu aos correspondentes à véspera da Guerra dos Seis Dias, o presidente do Egito, Gamel Nasser, nos disse que, quando os cruzados ocuparam seus países, os árabes souberam ter paciência até eles partirem, deixando apenas fortalezas abandonadas. Estaremos diante da Nona Cruzada?

Há juízes em Berlim

"Ainda há juízes em Berlim!"– exclamaram os cultores do Direito ao saberem da decisão do tribunal de Taiwan que, em primeira instância, determinou a volta do menino Iruan para o Brasil. A sentença, prolatada em terra estranha e tão distante, faz com que, de fato, passemos a acreditar na Justiça. Como nela acreditou um certo moleiro de Saint-Souci. A história é narrada em verso do escritor François Andrieux, no século XIX, intitulada *O moleiro de Saint-Souci*. Conta que, quando Frederico II mandou construir o famoso castelo de Saint-Souci, seu arquiteto fez tudo para demolir um moinho das imediações que, segundo ele, enfeava a paisagem. Não conseguindo comprar a propriedade, ameaçou o proprietário de expulsão e de demolir o moinho. O moleiro decidiu proteger-se na Justiça de Berlim e bradou: "*Il y a des juges a Berlin!*". A expressão celebrizou-se e correu o mundo.

Rumo ao mar

Lembro da primeira vez em que fui ao mar. Foi em meados dos anos 1930, quando as estradas para as praias não passavam de trilhas. Morávamos em Viamão e, depois de excitantes preparativos, que compreendiam o carregamento de nosso Ford modelo A com camburões de gasolina, garrafões de água potável e latas de galinha com farofa, saímos de casa no começo da madrugada, o pai na direção, a mãe ao lado e eu e meus irmãos no banco traseiro, espremidos em meio à tralha. Era uma noite linda de lua cheia e estrela Dalva. De tantos em tantos quilômetros, cancelas que eram abertas mediante o pagamento de pedágio ao dono das terras que iríamos atravessar. A certa altura, paramos na venda de um turco de nome estranho: Arabatache. Meu pai pediu-lhe um arame bem fininho para prender um troço que se soltara no motor. Ele, rápido e competente, serviu-lhe um salame bem fininho... Enfim, Cidreira, ao cair da tarde. As crianças de hoje terão no futuro história assim para contar?

Imbé, o começo

O Imbé, hoje uma das mais movimentadas praias da "orla" (termo muito apreciado por nossos repórteres de coberturas de veraneio), tinha meia dúzia de casas no começo dos anos 1940. Surgiu como a opção chique da velha Tramandaí, apresentando como atrativo um hotel-cassino. O hotel era o mais moderno do Litoral Norte. Ali se hospedavam Erico Verissimo, os Bertaso, os Chaves Barcellos, os Di Primio Beck. O cassino era bem mais fino do que o de Tramandaí, em cujo anexo havia um enorme salão de víspora. Uma das casas de Imbé era de minha tia-avó Dolores Alcaraz Caldas, viúva de Caldas Júnior, fundador do *Correio do Povo*, que ali veraneava com sua filha Lúcia, casada com Plínio Brasil Milano, e comigo de carona. Todos se conheciam, e a luz elétrica, produzida por gerador, desligava à meia-noite, deixando o balneário envolto numa paz e num silêncio que hoje não existem mais.

Atlântida

Nosso primeiro balneário foi Atlântida. Inspiração: Punta del Este. O arrojo da iniciativa coube ao empresário Antônio Casaccia. Para atrair as vendas do grande loteamento que fez em terras onde existia uma fazenda à beira-mar, planejou como "âncora" um hotel de linhas arrojadas. Confiou o projeto ao jovem e brilhante arquiteto Mauro Guedes de Oliveira e a construção a Silvio Toigo Filho, gremista puro-sangue que, com a sua competência, havia comandado as obras do estádio Olímpico. Toigo ergueu o hotel em prazo recorde. Era de padrão superior a todos os existentes no Litoral, inclusive ao de Imbé, que, com o fechamento de seu cassino, entrara em decadência. Logo brotaram as casas, sem cerca a separá-las. Infelizmente, hoje a maioria está encapsulada dentro de grades e seus donos transformados em prisioneiros em seus próprios lares pela insegurança que assusta.

O "SALVO-CONDUTO"

De 1942 a 1945, período em que o Brasil participou da Segunda Guerra, veranear no litoral era tido como risco. Reinava uma paranóia tão grande que temíamos a qualquer momento a invasão do "Eixo" (denominação da aliança Roma-Berlim-Tóquio), que combatia os "aliados", capitaneados primeiro pela Inglaterra, que agüentou sozinha a formidável máquina de guerra da grande Alemanha, e logo por União Soviética, Estados Unidos e o resto do mundo, enfim. Nós estávamos firmes ao seu lado e, como tal, tínhamos medo de represálias, no caso, a invasão do Rio Grande do Sul. O litoral, do Chuí a Torres, especialmente Cidreira e Tramandaí, devia estar no plano "deles". Assim, para evitar que algum traidor (afinal, eles sempre existem) fizesse sinais às naves invasoras, só as pessoas confiáveis podiam veranear. Para ir às praias, passou a ser obrigatório o "salvo-conduto" fornecido pela polícia. Ela foi tão eficiente que até hoje estamos aguardando o desembarque do inimigo.

OS CÃES DA VELHICE

Tentando neste feriado a missão impossível de ordenar a minha papelada, tive o agradável prazer de encontrar uma carta datada de 4 de abril de 1993: "Querido amigo Flávio. Fiquei surpreendido com o êxito da minha aparição em teu programa na televisão. Gostaria de atender a teu convite para outro, mas acontece que não tenho saído de casa. Ando com umas tonturas que me tiram qualquer rebolado. Por causa de minhas doenças, pretendo escrever um livro intitulado *Os cães da velhice*, parafraseando *Os cães da província* do Luiz Antônio Assis Brasil, por sinal um ótimo romancista. Naturalmente, os cães da província desaparecerão, acuados pelos cães da velhice, cuja matilha é formada por minhas doenças... Com essa *petite lettre*, quero dizer-te, no entanto, que, tão logo melhorar, voltarei ao teu programa. Do muito teu amigo e admirador de sempre (a) Carlos Reverbel".

"My way"

Completo hoje setenta e cinco anos. Lembro que, quando fiz sessenta, detive-me frente ao espelho. Ali enxerguei um rosto granítico esculpido por duro cinzel e repeti Shakespeare: *"My glass shall not persuade me I am old / so long youth and thou are of the same date".* (Meu espelho não irá persuadir-me de que sou velho/já que a minha juventude e ele têm a mesma idade.) Hoje fico a pensar mais uma vez na velocidade com que o tempo passa. Felizmente, ele só atingiu o invólucro e me poupou por dentro. Sou ainda um moço de vinte anos, pleno de fé e de entusiasmo. Repassando a minha vida, arrependo-me do que fiz de errado e me rejubilo com o que de bom tentei sempre fazer. Não me preocupa a jornada que tenho pela frente, mas pretendo cursá-la sendo útil aos outros. Serenamente e de cabeça erguida, sigo adiante, deixando o passado para trás e olhando para o horizonte. E cantarolando *My way*: "À minha maneira".

25 de maio de 2002

Correspondentes de guerra

O primeiro correspondente de guerra foi o ateniense Fedipedes. No ano 400 antes de Cristo, participou da batalha campal entre gregos e persas em Maratona e, a seu término, correu quarenta e dois quilômetros até chegar a Atenas, onde relatou a vitória. A figura do correspondente, tal qual a conhecemos hoje, só foi surgir em 1854, na Guerra da Criméia. Foi o repórter do *The Times* de Londres William Howard Russell. Ele está sepultado na Catedral de São Paulo, em Londres, e seu epitáfio diz ter sido "o primeiro e o maior correspondente de guerra". Russell, entre outros fatos, documentou a famosa carga da Brigada Ligeira: "Às 11h10, nossa brigada de cavalaria avançou. Passou veloz e orgulhosamente, resplandecendo ao sol matinal, com todo o orgulho e esplendor da guerra. À distância de 1.200 metros, toda a linha do inimigo vomitou por trinta bocas de ferro uma corrente de fumaça e chamas... À 1h30, nem um só soldado britânico, exceto os mortos e os agonizantes, sobrara diante dos canhões moscovitas".

Misses

Algumas emissoras de televisão vêm tentando reviver os concursos de "misses". Apesar do esforço, não conseguem o sucesso de outrora. A oferta de mulheres bonitas em trajes sumários é tão grande e onipresente que os desfiles de moças em biquíni já não mais emocionam ninguém. Um fato, porém, preocupa. É o da idade, cada vez mais reduzida, das candidatas. Há meninas de doze anos que se candidatam e muitas vezes são contratadas como manequins. O que será delas quando completarem vinte? Felizmente, pelo menos que eu saiba, não há ainda entre nós concursos de gurizadas de três a cinco anos de idade, como é comum nos Estados Unidos, onde há verdadeiras batalhas entre as mães, cada qual maquiando mais as suas filhas, transformando-as em bonecas artificiais dignas de pena. Em matéria de concursos de misses, o mundo mostra uma decadência digna dos seus piores tempos.

Marta

Os concursos para Miss Brasil tiveram início, apogeu e final melancólico coincidindo com essas três mesmas fases da mais importante revista brasileira dos anos 1940/1950: *O Cruzeiro*. Graças a seu prestígio, o Brasil até hoje fala de algumas de suas eleitas, principalmente da mais famosa de todas: Marta Rocha, como símbolo de beleza. Conheci-a no auge, quando visitou Porto Alegre numa recepção na casa do deputado Dámaso Rocha. Era, de fato, muito bonita. Não se elegeu Miss Universo, no entanto. Revela Acioly Neto, diretor da *Cruzeiro* na época, que ele e seus colegas inventaram uma mentira piedosa e tão inteligente que até hoje circula com foros de verdade: que ela perdera o título por ter duas polegadas a mais nos quadris... Marta, ainda com belos mas sofridos traços, passa hoje por dificuldades financeiras, numa demonstração da fugacidade da beleza.

Metamorfoses

Foi inaugurada no Teatro Paulista a exposição *Maria Della Costa – Uma vida em cena*, documentação de seus quase sessenta anos de atriz. De família pobre, Gentile Maria Della Costa Marchori foi "descoberta" na rua da Praia por Justino Marins, diretor da *Revista do Globo*, que a convidou para posar como "moça da capa". Bela e talentosa, começou uma carreira que a tornaria famosa. Casando-se com o cineasta Fernando de Barros, viajou para Portugal, onde estudou artes cênicas. Separando-se, casou com o ator Sandro Polônio. Fundou o Teatro Maria Della Costa e interpretou grandes peças. Deixando a ribalta, é gerente de pousada na cidadezinha de Paraty. No auge, disse: "Estou cansada de ser bonita". Vejo sua foto atual na revista *Época*. Melancolicamente, lembro as *Metamorfoses* de Ovídio: "Tempora edux rerum" – tempo, devorador das coisas.

"Satan dirige o espetáculo"

A propósito do intempestivo fechamento dos bingos, Carlos Machado, o Rei da Noite dos anos 1940/1950, conta que, depois de uma série de reportagens de *O Globo* sobre os cassinos, os proprietários pediram que o senador Mozart Lago sondasse o presidente da República sobre suas intenções. Ele o fez e disse que o presidente pretendia apenas regulamentar o jogo. Dias depois, o mineiro e católico Carlos Luz afirmou ao marechal Eurico Dutra que, se ele desejasse tornar-se a pessoa mais popular do Brasil, bastava fechar os cassinos. Quarenta e oito horas depois, era publicado o decreto: "Considerando que a tradição moral, jurídica e religiosa do povo brasileiro é contrária à exploração dos jogos de azar, fica decretado o fechamento dos cassinos...". Milhares de desempregados. Carlos Machado reage lançando um grande show com o título sugestivo de *Satan dirige o espetáculo*, o que, literalmente, passou a acontecer.

A ERA DO RÁDIO

Sou da era do rádio. O mais antigo que conheci foi um que avó Olinda nos emprestou quando meu pai estava acamado e morávamos numa casinha de porta e duas janelas na Osvaldo Aranha, 924, defronte à Redenção. Era enorme a caixa ligada por fios a um alto-falante de onde saíam vozes e música. Mais tarde, comecei a freqüentar a *Hora infantil*, da Rádio Sociedade Gaúcha, comandada por um guri do Colégio Militar, o Otávio Mariot Focques. Uma das cantoras era a menina Ione Pacheco, que se casaria com o Maurício Sirotsky Sobrinho. Em 1935, surgiu a Rádio Farroupilha. Eu a freqüentava acompanhando, encantado, as histórias do "Amigo Velho", no programa *O clube dos três porquinhos*. O "Amigo Velho" era o Erico Verissimo. Impregnado no meu sangue, o rádio finalmente deu-me grande alegria: o de ter sido um dos fundadores da Rádio Guaíba, em 1957.

"JEUNESSE PASSE"

João Carlos Naujorks (avenida Silva Jardim, 584, Torres) manda dizer-me que faleceu em Corumbá o benemérito médico João Fernando Moutinho. Fiquei triste, mas lembrei com alegria nosso tempo de rapazes em Paris, no começo dos anos 1950. Entre eles, os médicos Moutinho, Cirio Matzembacker e Ivo Pitanguy. Matzembacker também já nos deixou, e o Pitanguy continua brilhando no mundo. Éramos um grupo muito amigo, que se reunia todo o começo de noite no Café Flore, em St. Germain des Près: os três médicos, os estudantes de filosofia Wilson Chagas e Angelo Luiz de Sá, os poetas Moacir Felix de Oliveira, jornalistas Justino Martins e Flávio Magalhães Pinto, eu... Ora, numa daquelas noites, aproximou-se de nossa mesa, cheia de alegria e de moças, um homem de preto oferecendo a Bíblia. A Bíblia?... Rimos, rimos, rimos. O homem de preto, com voz grave, advertiu e profetizou: *"Jeunesse passe!"* (Juventude passa!). Pois, não é que a profecia estava certa?...

Escola de jornalismo

Freqüentei escolas aquém e além-mar. Nenhuma tão importante como a da velha redação da *Folha da Tarde*. Ali se reuniam alguns dos maiores jornalistas que conheci, a começar por seu diretor, Arlindo Pasqualini, que arrasava com crônicas sob o pseudônimo de "Mordax". Outros, lembrando-os de memória: Júlio de Castilhos Duarte, Cidio Salatino, os irmãos Adail ("Dom Luiz") e Adil ("Hilário Honório") Borges Fortes da Silva; Fermino Bimbi, Paulo Antônio Mortitz, Acélio Daudt, Manoel Amorim Albuquerque, Amaro Júnior, Túlio de Rose; João Bergman ("Jotabê"), Cândido Norberto, Josué Guimarães, Hilton Caldas, Sadi Rafael Saadi, os fotógrafos Santos Vidarte, Joaquim Américo Magadan e Antônio Nunes. Todos foram meus mestres, e faço questão de mencioná-los com alegria, saudade e gratidão.

Puro sangue

Éramos alunos do terceiro ano colegial noturno do Colégio Júlio de Castilhos: o Brizola no científico e eu no clássico. Logo nos tornamos amigos. Foi na metade daquele ano de 1944 que o nome do companheiro saiu pela primeira vez em jornal, numa notinha escrita por mim na página de esportes da *Folha da Tarde*: "A bola será jogada de avião antes do início do jogo pelo aluno Leonel de Moura Brizola". Brizola, piloto amador, andava de moto e, com a redemocratização em 1945, abraçou a paixão com a qual (como a por sua mulher Neuza) viveu até que a morte os separasse: a política. Pesem as nossas divergências, durante sessenta anos fomos amigos. Estou muito triste por ter ele nos deixado. Mas o fez na cancha, um puro-sangue, pois puro sangue ele era.

Anões de jardim

Dizem em Brasília que, além da estrela vermelha de flores, pretendem embelezar mais os jardins do Alvorada com os anões da Branca de Neve. Sapo não precisa, sapo barbudo já tem. A notícia, além de confirmar senso estético-ecológico, demandará esquema de segurança. Na França, por exemplo, ganha corpo temível organização clandestina que pode migrar para cá. É o Front National de Libération des Nains de Jardin (Frente Nacional de Libertação dos Anões de Jardim), que, em incursões noturnas, os seqüestra dos pátios das casas e os deposita nas florestas, seu verdadeiro hábitat. O que me lembra do famoso rapto de anõezinhos de gesso que existiam numa praça de Bento Gonçalves. Na calada da noite, foram levados para Caxias, onde apareceram com uma placa escrita em dialeto: "Fuzimo de Bento" (fugimos de Bento). Resgatados, foram seqüestrados de novo, e escreveram: "Fuzimo outra vez".

As vinhas do Senhor

Em fins do século XIX, uma praga violenta atacou os vinhedos franceses: a *Philloxera.* Um horror, com devastação praticamente total. Foi quando viticultores previdentes levaram ao Chile cepas que não tinham sido atingidas. Nos vales entre a Cordilheira dos Andes e o Pacífico, os parreirais se desenvolveram de maneira extraordinária, produzindo excelente vinho. Foi a primeira invasão francesa no Chile. A segunda aconteceu cem anos mais tarde e tomou conta do país. Atualmente, a quase totalidade das vinícolas chilenas ou é associada, ou pertence a franceses. Apenas dois exemplos: Paul Pontalier, diretor do Château Margaux, associou-se à Viña Macul, e a baronesa Philippine de Rotschild, à Concha y Toro, produzindo Almaviva, que é negociado a setenta e cinco euros a garrafa. Em Paris, *Le Figaro* reconhece e sentencia: estão no Chile as vinhas do Senhor.

Final heróico

Em Porto Alegre, as pessoas correram aos supermercados para estocar alimentos. Tanques de guerra se deslocaram da Serraria para o Centro da cidade. Muitos enguiçaram no caminho. No largo da Prefeitura, discursos inflamados bradavam por resistência. À tarde daquele mesmo dia (quarta-feira, 1º de abril de 1964), o governador, acompanhado por membros do secretariado, rumou para Passo Fundo, transformando-a em capital do estado. Fazia sucesso a música de uma freira francesa sobre uma certa Dominique. O espírito galhofeiro do porto-alegrense usou-a para cantar: "Foge, Jango, foge, Brizola/ foge, Deus e todo o mundo. Só não foge o Meneghetti/ que vai lá pra Passo Fundo...". Dois dias depois, voltavam os heróis. À frente, em jipe de tolda arriada, o chefe da Casa Civil, com metralhadora portátil a tiracolo. Era o apoteótico fim do glorioso movimento de 31 de março/ 1º de abril.

Rosário

Dos cem anos que o Rosário está comemorando, dez foram meus. Ali entrei em 1934, no primeiro ano primário, e terminei o quinto do Ginásio em 1942. Em 1943, por obra da reforma do ensino, passei para o segundo clássico, que concluí no Colégio Júlio de Castilhos, pois, devido à baixa freqüência, os padres (que era como nós chamávamos os irmãos maristas) decidiram fechar o curso. É do Rosário a base de minha formação, ministrada por mestres como os irmãos Faustino João e José Otão, meus queridos regentes. Guardo-os com carinho em minhas lembranças, como também a do *Hino rosariense*: "Salve, ginásio estremecido/ em teu recinto a juventude,/ os são princípios vai aurir: civismo, religião, virtude/ que farão os homens do porvir".

A velha João Telles

Durante a Segunda Guerra, a rua General João Telles se dividia em três setores distintos: a parte alta, que ia da Vasco da Gama à Independência, os "campos neutrais", entre a Vasco e a Henrique Dias, e a parte baixa, da Henrique Dias até a Osvaldo Aranha. Na alta João Telles, moravam os descendentes de alemães e italianos. Quem por ali caminhasse no começo da noite ouviria um eco da Rádio Berlim. Na zona do meio, os descendentes de pêlos-duros, entre os quais minha família. Já a parte baixa era território judeu. Ali, a BBC de Londres retumbava. Na Europa, a "Grande Alemanha" parecia imbatível. Paradoxalmente, a sua primeira derrota aconteceu aqui perto: ao largo da nossa costa e com desfecho em Punta del Este, no encontro entre o couraçado de bolso Graf Spee e os cruzadores britânicos Ajax, Exeter e Achyles, que passou à história como a "Batalha do Rio da Prata".

A casa do meu pai

Acompanhado de lindas orquídeas, recebo de meu primo Walter Gomes Pinto bilhete que me comove: "Caxias, 28 de agosto de 2002. Hoje, teu pai, o meu querido tio Cidoca, completaria cem anos! Voltei o reloginho do tempo e me vi de novo na casa da General João Telles, 339. A Zeca estava na cozinha, e o fogareiro a gás encanado, na copa, esquentava o café. Quantas vezes fui buscar o pão quentinho na Padaria Zorato... À noite, no "*fumoir*", tia Julieta ao piano, e tu, a Carmen e o Celso cantando para aprender geografia: "*O reino de Sião/ capital, capital/ Bankok*"... Eu acordava cedo para estudar e te via saindo de bicicleta para o CPOR. Sempre nos protegendo, a figura ímpar do tio Cidoca. Ele era realmente o líder da família. Ainda hoje sou gratíssimo pelo apoio que deu a mim e a Vera. Acho, ele está lá em cima nos dando a sua bênção, pois nós, aqui na Terra, estaremos recordando com extremo carinho tudo o de bem que ele nos proporcionou".

Belém Novo

Veraneava-se em Belém Novo assim como se veraneia nas praias de mar. Muitas famílias ali se instalavam depois do Natal, só voltando à cidade grande para o começo das aulas, em março. A cidade grande era Porto Alegre, com bondes e trezentos mil habitantes. A vantagem de Belém era a estrada asfaltada, que as más línguas diziam ter sido construída pelo general Flores da Cunha para aproximá-lo de sua fazenda, ali existente. Nunca fiquei sabendo se era verdade ou falatório. Quanto a nós, meu pai comprou uma casa à beira-rio, cuja água límpida bebíamos. Nos anos 1940, havia famosos bailes de carnaval. Um, no restaurante Leblon, hoje tapera, e os outros dois em pitorescos tablados construídos sob duas frondosas figueiras, uma à margem do Guaíba, e outra no Hotel Cassino, hoje também uma tapera. Com a despoluição do Guaíba, Belém voltará à sua glória?

Os Gomes

Os Gomes se reuniram sábado. Foi uma bela festa no Bistrô do Forte, que por sinal é de um Gomes: o Zé Antonio Gomes Pinheiro Machado, o Anonymus Gourmet. Foi o Valter Gomes Pinto que organizou tudo. O Valter é filho da tia Ondina. A tia Ondina era a única filha mulher da vó Laurinda. Casou com o tio Antônio Pedroso Pinto, com quem teve cinco filhos. Todos foram batizados com o nome começando com V: Vinicius, Vera, Valter, Vernei e Vitor. A vó Laurinda, além da Ondina, teve quatro filhos varões: Arlindo, Dorval, Godofredo e Alcides. O pai de todos foi o João de Deus. Não o conheci, mas a vó contava que ele veio do Paraná e aqui foi delegado de polícia e juiz. Dedilhava o violão e, quando chovia, mandava encostar uma telha de zinco junto à janela, para dormir com o barulho da água caindo. Brindamos à memória dos que foram e à saúde dos presentes. Obrigado, família, por eu ser um de vocês.

O nosso piloto suicida

Nosso leitor Odilon Fehlauer, diretor da Brasfrigorífico de Itajaí, escreve perguntando se testemunhei a história do piloto suicida de Porto Alegre. Testemunhei-a, sim. Sábado, 14 de julho de 1956. Duas da tarde. Um mecânico da Varig, de vinte e três anos, despedido por falta grave, entrou no hangar do Salgado Filho e dali saiu pilotando um avião de treinamento "N.A". Pouco antes, ali pousara o orgulho da Varig: um recém-adquirido Super-Constellation. O piloto do "N.A.", em evoluções e rasantes, dava a impressão de que pretendia atingi-lo. Da Base Aérea de Gravataí, decolou um caça da FAB para tentar dissuadi-lo. Alertada pelas rádios, multidão acorreu ao local. As evoluções do "N.A." estenderam-se por duas horas. Finalmente, ganhou altura e mergulhou a toda velocidade em direção ao Super-Constellation. Errou por pouco, indo espatifar-se em chamas contra o hangar. Foram os momentos de maior tensão que vi Porto Alegre vivenciar.

Marlon Brando, Paris, 1951

Conversei com Marlon Brando certa noite de 1951, na boate da moda em Paris: a Carrol's. Ele tinha havia pouco subido ao estrelato com o filme *A steeet car named desire*. Apesar de famoso, não era metido a besta e confraternizou com os brasileiros que estavam comigo. Depois, só o vi no cinema e no noticiário, que, além de seu absoluto sucesso, dava conta da absoluta miséria humana que o cercava. Mas, já que estamos em Paris, vamos entrar na Carrol's. A dona era a Freddie, linda e esbelta moça de cabelo curtinho à *la homme,* vestindo sempre *smoking* masculino. Despertava paixões, inclusive, naquele momento, a da Maria Felix, belíssima atriz mexicana, com a qual trocava ousadas carícias na frente de todos. Bem, tudo eu vi e vivi no começo da segunda metade do século XX, quando Paris era uma festa; Carrol's, o templo; e nós, os seus templários.

Ser jovem

Reflexões do general Douglas MacArthur:

"Não se torna velho o homem por ter vivido um certo número de anos. Torna-se velho porque desertou de seu ideal. Os anos enrugam a pele; a renúncia do ideal enruga a alma. As preocupações, as dúvidas, os temores e os desesperos são os inimigos que lentamente nos fazem inclinar para a terra e nos tornar poeira antes da morte. Jovem é aquele que fica admirado e maravilhado. Ele pergunta como criança incansável: e depois? Ele desafia os acontecimentos e encontra alegria nos jogos da vida. Você é tão jovem quanto a sua fé. Tão velho quanto a sua dúvida. Tão jovem quanto a sua confiança em você mesmo. Tão jovem quanto sua esperança. Tão velho quanto seu abatimento. Você será tão jovem quanto for acolhedor às mensagens da natureza, de Deus e do infinito. Se um dia seu coração for mordido pelo pessimismo e roído pelo cinismo, possa Deus ter piedade de um velho".

Os que partiram

Breno Caldas

Faz hoje três anos que morreu Breno Caldas, bem no Dia da Imprensa, que durante meio século ele encarnou. Durante esse período, foi o verdadeiro Senhor do Rio Grande. De Borges de Medeiros a Jair Soares, raro o político que deixou de prestar-lhe vassalagem, tratando-o sempre, respeitosamente, de "doutor Breno". De 1935 a 1984, concentrou, sem delegar a ninguém, o maior poder que o jornalismo gaúcho já desfrutou. Vencido pela evolução da mídia moderna e pelo crescimento da concorrência, na qual nunca acreditou, morreu sem ter perdido dignidade. Só que, ao contrário de tantos conterrâneos, ilustres ou não, que acabaram se transformando em ruas, avenidas, praças e jardins, Breno Caldas não teve até hoje seu nome sequer dado a uma ruela. Ao constatar isso, me decepciono mais uma vez com nossos políticos. Eles fazem questão de ignorar aqueles cujos descendentes não podem botar seus retratos no jornal ou distribuir-lhes as imagens via eletrônica.

10 de setembro de 1992

Dom Alberto

Há um ano, o céu está mais divertido e inteligente, graças à presença, entre seus santos, anjos e 11.000 virgens, de Darcy Alberto Seger. Desde mocinhos, éramos amigos: ele (o Gordo), Rafael Peres Borges (o Magro) e eu (o Tenente, devido à minha bravura em campos de batalha. Noturnos). Em 1950, no Ano Santo, fomos a Roma garantir o passaporte para o paraíso. Entre uma basílica e outra, relaxávamos na boate Rupe Tarpea. Ali uma certa condessa Yanina apaixonou-se pela voz do Seger. Não falando russo, ele declamou-lhe ao ouvido, pausadamente, o padre-nosso e três Ave-Marias. A condessa se derreteu. No bar do Plaza Athénee, em Paris, gritaram: "Tem cheiro de roupa queimada!". Tranqüilo, ele advertiu:

"Se for cheiro de alpaca inglesa, é a minha...". Às 4h30min da madrugada de 16 de setembro de 1991, tocou o telefone na casa do Rafael, no Rio. Ele atendeu e ouviu a voz alegre do Gordo gritar-lhe: "Magro!...". Naquele mesmo instante, o Seger morria em Porto Alegre. Morria?

16 de setembro de 1992

Pepe

À véspera da tragédia de Senna, outra me atingiu, dolorosa e pessoalmente. Morreu na Espanha meu querido primo José Bernabeu Miquel, o Pepe. A primeira vez que nos vimos foi no começo dos anos 1950, quando ele, mocinho e empreendedor, ousara introduzir a mecanização na finca no sopé da Carrasqueta de seu avô e meu tio, o velho Constantino. Entre um trator e outro, mais de quarenta anos. No início deles, a meu convite, recém-casado com a Conchi, ele emigrou para o Brasil, passando a morar em minha casa. Aqui tiveram um casal de filhos brasileiros, o Sérgio e a Cristina. Trabalharam como mouros, amealharam e, mortos de saudades, voltaram à primeira pátria. Ali montaram uma rede de prósperos negócios e começaram então a ter saudade do Brasil. Em seu lazer do último fim de semana, Pepe, pilotando um trator no mesmo lugar em que o conheci, foi lavrar a terra para a boa semente. Morreu. Com ele, uma bela e nobre parte da Espanha morreu também em meu coração.

3 de maio de 1994

Ruth

Li ontem, entre surpreso e contristado, a participação de que Ruth Alcaraz Caldas morreu numa casa geriátrica. Ruth era prima com quem eu tinha afinidade. Dos filhos de Caldas Júnior, foi a mais brilhante. Machista, seu irmão Breno costumava confidenciar: "Graças a Deus que Ruth não nasceu homem". Estou certo de que, se esse houvesse sido o fado, e com sua visão de modernidade, não teria deixado o jornal da família quebrar por incompetência administrativa. Mas quero guardar as coisas boas que a vida deu a Ruth e que ela, em troca, nos repassou. Sua bondade. Seu caráter. Sua solidariedade. Jornalista, e sob o pseudônimo de Charmaine, assinou durante anos aqui no *Correio* a coluna *Feira Livre*, um sucesso. Culta, falava seis idiomas. *Globe-trotter*, deu várias voltas ao planeta. Escritora, publicou *Viagem ao frio* e *Um mundo de mundos diferentes*. Meu pequeno mundo ficou mais triste com a ausência da Ruth.

9 de dezembro de 1994

Júlio Duarte

Mais um velho companheiro que se vai: Júlio de Castilhos Duarte. Conheci-o quando, menino ainda, comecei a freqüentar a redação da *Folha da Tarde*. Júlio, embora chefe das oficinas, era tanto ou mais intelectual do que a maioria dos repórteres e redatores que ali trabalhavam. E todos do mais alto quilate, como Arlindo Pasqualini, Carlos Reverbel, Manoel Amorim Albuquerque, os irmãos Borges Fortes, Josino Campos, Sadi Rafael Saadi, Hilton Caldas, Rivadávia Souza, João Bergman, Cândido Norberto e até mesmo Rubem Braga, o grande cronista brasileiro que, perseguido pela ditadura Vargas, encontrou guarida aqui nesta casa, que nunca se curvou para os poderosos. Júlio, amigo de todos, a todos encantava com seu talento e verve. Graças à sua iniciativa, o *Correio do Povo* publicou, durante anos, o *Correio Rural*, considerado o melhor no gênero no Brasil. A Júlio Duarte, muito devo em minha formação. Ele seria sempre para mim uma doce saudade e um exemplo de dignidade.

30 de março de 1995

Comandante Alcaraz

Eugênio Alcaraz foi sepultado ontem. Era o último da primeira geração brasileira dos Alcaraz, filho de Joaquim, meu avô, e neto de Eugênio, o patriarca que trouxe a família da Espanha para cá. O velho Eugênio e filhos deram em Porto Alegre por erro geográfico. Decidindo emigrar para a América, particularmente para a Argentina, da qual faziam as melhores referências, foi a uma companhia de navegação de Barcelona, onde pediu passagens para *el ultimo puerto de América*. O balconista olhou o mapa e concluiu que o cliente queria vir para *Puerto* Alegre, o que acabou acontecendo. Aqui criou os filhos e assistiu ao sucesso também dos netos, o mais moço com o seu nome: o nosso tio Eugênio. Ele, para os sobrinhos e por ter morado na ilha do Chico Inglês, onde comandava o Estaleiro Alcaraz, foi sempre "o Comandante". A parte mais bonita da minha fantasia de menino foi ontem sepultada com o Comandante Eugênio Alcaraz, capitão de longo curso.

5 de julho de 1995

Marcão

Eu não estava aqui quando Marcão morreu, por isso não falei então da minha tristeza. Faço-o agora, ao ter na lembrança o Marcos e, junto a mim, um de seus livros: *Com as mãos tintas de sangue*, Global Editora, 1979. Nele, o querido companheiro narra algumas de suas experiências como repórter de polícia na imprensa de São Paulo. A reportagem de polícia sempre foi a forja dos grandes jornalistas. Senão vejamos o que ele escreveu no capítulo *Palavras aprisionadas*: "O repórter é a perplexidade. O repórter tem diante de si a realidade. A realidade é a indagação a ser feita. A realidade é a natureza e os outros homens. Como entender o que nos rodeia? Como entender as mentiras aparentes, as verdades ocultas? Que instrumentos usar no momento da descoberta? Que instrumentos usar da hora da revelação?". Marcos Faerman foi um dos grandes repórteres que conheci. Ter sido seu amigo e colega me enche de orgulho e responsabilidade.

26 de março de 1999

Moab

Moab Caldas é mais um querido amigo que parte, e cuja presença física vai fazer falta nesta pequena bola de lama, como Voltaire nominava o nosso planeta. Não sei se, durante os dois meses em que permaneceu entre o céu e a Terra, flutuando em seu coma, ele acompanhou a vida aqui embaixo. O certo é que vamos precisar de muita luz, inclusive a dele, para a escuridão das trevas da violência, do desemprego, do achatamento da classe média e da crescente miséria que ameaça nos cegar. Para tudo e para todos, Moab soube ser a esperança. Nordestino, mas mais gaúcho do que nós, foi líder entre os gaúchos. Deputado combativo, cassado pelo obscurantismo, teve a grandeza de perdoar os que o perseguiram. Sua presença aqui neste jornal, na rádio e na televisão iluminou caminhos. Morto o corpo, Moab continua entre nós, numa saudade, num sorriso, numa flor, na primavera que chegou.

22 de agosto de 1996

O Caxanga

Em Quaraí, chamavam-no de Caxanga. Para nós, seus amigos e colegas desde os anos 1940 no Ginásio do Rosário, ele era simplesmente o Tubino. Ou, para ser mais exato: José Maria Delgado Tubino. Seu pai, o advogado Ascânio Tubino, foi deputado federal, e o Caxanga seguiu-lhe os passos, formando-se em Direito. Durante mais de meio século, tive a honra de privar com ele, aquém e além-mar. Diplomata, Tubino serviu em Southampton, Barcelona, Buenos Aires e Berna. Ali, foi nosso adido cultural e braço direito do também gaúcho embaixador Raul Bopp. Foi graças ao Caxanga que, em 1958, desbravei na Suíça os caminhos que permitiram à Rádio Guaíba transmitir o Mundial de futebol da Suécia. Aposentando-se, foi morar e versejar (pois poeta também era) à beira-mar de Saquarema. De lá, em 1995, a última carta que me escreveu. Agora contam-me que ele morreu.

Boa viagem, velho Caxanga.

3 de junho de 1997

Mariano

O Mariano Sanvicente nos deixou segunda-feira, para a longa viagem da qual ninguém ainda voltou. Antes de fazê-lo, semeou uma vida de bondade e amor. Ele sempre foi o primo mais velho que os meninos almejam ter – e o tive desde gurizinho. Lembro que, quando morávamos em Viamão, em meados dos anos 1930, ele passava os verões na casa do meu pai. Às tardes, íamos tomar banho nas cristalinas águas do Fiúza. Ora, certa ocasião, excitadíssimo, ele chamou-me e a meu irmão Celso e nos mostrou um punhado de areia retirada da margem do arroio: "Vocês vão jurar segredo eterno, mas olhem só: esta areia está cheia de ouro em pó". Ouro no Fiúza! Estávamos ricos!... No outro dia, o Mariano viajou a Porto Alegre com uma amostra do material para ser examinado na Casa Masson. Voltou desenxabido: não era ouro – e de repente ficamos pobres outra vez. Mais pobre fiquei agora, com a morte do Mariano.

4 de março de 1998

Ênio

Ontem, quando ia encerrando meu programa na Rádio Guaíba, passaram-me o bilhete: o Ênio Berwanger tinha morrido. Pela primeira vez, em tantos anos de microfone, um embargo na voz me fez emudecer. Num átimo, viajei no tempo. Abril de 1957. Aqui, nesta mesma Casa, ele, Homero Simon, Mendes Ribeiro, Adroaldo Streck, os dois Coelho, Sidney e Adão, e o Celso Costa e eu, jovens cheios de vida, fundando a Rádio Guaíba. E, ao longo dos anos e com o mesmo entusiasmo, conseguindo impor um estilo diferente de fazer rádio no Brasil. Na linha de frente, sempre Ênio, a lealdade e a competência. O Ênio também na retaguarda dos grandes feitos, desde a Copa de 58, na Suécia, até as dramáticas reportagens internacionais. Ainda, neste momento, estou a ouvir sua vibração a entrar por nossos fones, lá no outro lado do mundo: "Local! Som local! Ferro neles!". O Ênio não é só mais um querido amigo que parte. É a beleza da nossa pequena-grande história que com ele viaja para o éter.

13 de março de 1998

Pinheirinho

Desligado do mundo neste fim de semana, levei um choque quando, abrindo o jornal com meu programa na Rádio Guaíba em andamento, vi a notícia da morte de Antônio Ribas Pinheiro Machado Netto. Pela primeira vez, perdi a voz por intermináveis segundos. Num átimo, transportei-me para a velha Faculdade de Direito, quando o conheci e já então passei a admirá-lo. Aproximados ainda mais desde que se casou com minha prima-irmã, Circe, acompanhei sua bela e retilínea carreira. Fiel às convicções, por mais que fosse perseguido, delas jamais se afastou. Advogado firme e tribuno brilhante, encantava com a oratória. Amigo de seus amigos, deu-me mão forte no momento em que dele precisei. Pinheirinho nos lega, além de um exemplo de dignidade, quatro filhos maravilhosos: Zé Antônio, Ivan, Marília e Grazia. A eles e à querida Circe, o meu carinho. Estou muito triste com a morte do Tonico.

18 de agosto de 1998

Pfeifer

Mais um colega da Faculdade de Direito seguiu para o país inexplorado de onde nenhum viajante voltou: Carlos Lobato Pfeifer. De todos os companheiros, foi um dos mais ligados a mim. Durante cinco anos, uma semana antes dos exames finais, concentrávamos na casa de veraneio de meu pai, à beira-rio de um Belém Novo bucólico. Ali varávamos as madrugadas, botando as matérias em dia. Não raro, recebíamos reforço de colegas mais aplicados, como Paulo Távora e Paulo de Couto e Silva, que nos ajudavam a debulhar os pontos. O resultado foi que nos formamos com boas notas. Apesar do regime de trabalho forçado que nos impusemos, permitíamos pausas para aliviar a aridez de um Direito de processo civil ou as sutilezas da filosofia do Direito. E tomávamos um chimarrão, aliviando a cabeça ao recitar trechos do *Cobra Norato* de Raul Bopp: "Joaninha Vintém, conta um causo...". Com a morte do Pfeifer, morre uma bela e saudosa página do meu curso de Direito.

22 de dezembro de 1998

Coragem, Mendes

Passo a madrugada de 29 de junho de 1958 ao lado da cama na qual, prostrado pela gripe, meu companheiro mal pode falar. Se ele não se recuperar, não sei o que vai ser de nós. Somos os dois únicos sobreviventes da expedição da Rádio Guaíba à Suécia, com a qual vamos decidir o campeonato poucas horas depois. Seis da tarde. O Mendes ficou bom, o Brasil vai mal, com Gilmar embarrado e desmoralizado vendo a bola sueca aninhar-se nas nossas redes. Os poucos brasileiros em Solna choram. Mendes não. É um profissional e continua narrando o jogo até que, aí, sim, com lágrimas nos olhos, canta a nossa vitória. Na última vez em que falamos, no hospital da PUC, eu lhe disse: "Coragem". Ele repetiu Júlio de Castilhos ao morrer: "Coragem eu tenho, o que me me falta é ar". Esteja onde estiver, mais cedo ou mais tarde, o Mendes Ribeiro um dia terá os pulmões bem cheios para, como no futebol de 1958, tonitruar que o Brasil há de vencer seus infortúnios e suas mazelas.

11 de julho de 1999

Índice

IMPRESSÃO:

GRÁFICA EDITORA
Pallotti
IMAGEM DE QUALIDADE

Santa Maria - RS - Fone/Fax: (55) 222.3050
www.pallotti.com.br
Com filmes fornecidos.